风采

北大名师的岁月留痕

肖东发 周家珍 戴龙基 主编

北京图书馆出版社

图书在版编目（CIP）数据

风采：北大名师的岁月留痕 / 肖东发，周家珍，戴龙基主编.—北京：北京图书馆出版社，2008.5

（北大人文与风物丛书）

ISBN 978-7-5013-3629-6

Ⅰ. 风… Ⅱ. ①肖…②周…③戴… Ⅲ. 北京大学—教师—生平事迹 Ⅳ. K825.46

中国版本图书馆 CIP 数据核字（2008）第 054352 号

书　名 风采：北大名师的岁月留痕（北大人文与风物丛书）
著　者 肖东发　周家珍　戴龙基　主编

责任编辑 王燕来
装祯设计 九雅工作室
出版发行 北京图书馆出版社
（北京市西城区文津街 7 号　100034）
电　　话 010-66136745　66175620　66126153
E-mail btsfxb@nlc.gov.cn
Website www.nlcpress.com
经　　销 新华书店
印　　刷 北京佳信达艺术印刷有限公司
开　　本 787×1092 毫米　1/12
印　　张 33
版　　次 2008 年 5 月第 1 版　2008 年 5 月第 1 次印刷

书　　号 ISBN 978-7-5013-3629-6/G·765
定　　价 150.00 元

目　　录

序言
——大师风采　北大精魂

许智宏

北大校长蔡元培先生曾说过：“人才至为难得。”清华校长梅贻琦先生也曾言：“所谓大学者，非谓有大楼之谓也，有大师之谓也。”在教育事业繁荣发展、高校大楼林立的今天，我们已经越来越认识到大师对于一所大学乃至一个民族的极端重要性。谁也无法否认，大师既是文化命脉的传承者，也是学术真理的探索者和发扬者，更是社会良知的坚守者。他们或埋头苦干，或拼命硬干，或舍身求法，或为民请命，用不同方式的精彩铸造出一样辉煌的人生。“文化神州表一身”，他们是大学的精魂、民族的脊梁、国人的骄傲。如果缺少大师级的学者，一所大学的感召力和影响力就要大打折扣，一个民族的文化内涵和精神命脉也会因之而浅薄式微。相反，如果江山代有大师出，各领风骚数百年，则大学幸甚，民族幸甚，国家幸甚。

仅就大学而言，有无一批“文章道德俱佳”的大师关系甚大，因此各大学无不以有大师而倍感骄傲，无不以无大师而压力顿增。一代大师季羡林先生总结中外各著名大学的经验，得出了“大学的台柱毕竟是教师，特别是名教师、名人”的论断，他形象地指出：“一所大学或其中某一个系，倘若有一个在全国或全世界都著名的大学者，则这一所大学或者这一个系就成为全国或全世界的重点和‘圣地’。全国和全世界学者都以与之有联系为光荣。问学者趋之若鹜，一时门庭鼎盛，车马盈门。倘若这一个学者去世或去职，而又没有找到地位相同的继任人，则这所大学或这个系身价立即下跌，几乎门可罗雀了。”季先生所指称的“名教师”、“名人”、“在全国或全世界都著名的大学者”正是我们所言之大师。

巍巍上庠，群星灿烂，在北京大学一百多年的发展历程中，涌现出了一大批出类拔萃且影响甚巨的大师级人物。文质相炳焕，众星罗秋旻。从京师大学堂时期忧心忡忡、礼贤下士、为国育才的管学大臣孙家鼐，到建国以后坚持“人口论”、以命相争、虽斧钺加身而毫不退缩的大学校长马寅初；从提出“兼容并包、思想自由”办学思想的学界泰斗人世楷模蔡元培，到宣传马列为筹建中国共产党不怕杀头坐牢、血荐轩辕，为“德”“赛”两先生摇旗呐喊的李大钊、陈独秀，到信息时代潜心科研、让国人告别铅与火、迎来光与电的“当代毕昇”王选……无数大师的生命轨迹始终与北大的发展历程相伴相随，大师们用自己的心血和生命为北京大学描画出一幅千帆竞进、云蒸霞蔚的壮阔图景，铸就了北京大学与国家民族休戚与共的优良传统，建构和充盈了北京大学历久而弥新的精神魅力。

大师们在为北大增光添彩的同时，北大这块“圣地”也为大师的成长提供了珍贵的“沃土”。今天，北京大学的外在面貌已经发生了极大的变化，其内在的精神传统也随着时代的发展焕发出新的面貌来。王选先生去世后，他的朋友盛森芝教授说：王选有一颗振兴中华的强烈爱国心，他用自己及其

序言——大师风采　北大精魂

748团队的光辉实践给我们留下了灿烂的“王选精神”。这一精神的核心就是“自主创新、振兴中华”。他还特别指出：“王选精神的出现，不是空穴来风，也不是偶然的巧合，而是历史的必然。王选精神成长在北大，也不是北大人赶时髦，而是北大这块土壤比较适合于‘王选精神’的成长。从历史上看，北大从来都是出精神的地方。在解放前的立国时期曾经出现过陈独秀、胡适的科学、民主精神，后来又有蔡元培的‘科教兴国’，‘兼容并包’精神；在解放后的建国时期，出现过马寅初的为真理不惜牺牲自己的硬骨头精神；在改革开放后的强国时期就必然要出现新的精神，这就是王选的‘自主创新、振兴中华’的精神。”这不断演进的时代精神正是北大精进不止、其境日新的最好说明。

燕园是永远的，北大精神是永恒的，而大师则是北大精神的最佳载体，今日北大精神的无限光耀得益于众多大师的呕心沥血和身先垂范，他们的精神是北京大学永远都取之不尽、用之不竭的精神源泉。正因如此，燕园也成为北大人永远的精神家园。我们有理由相信：只要北大这块精神与文化上的“沃土”永存，大师的身影就永远不会离我们远去，大师的精神也不会成为历史的绝响。随着时代的进步和社会的发展，新的大师将会在前辈大师的熏染与感召下迅速成长起来，薪火相传无穷已，终会为北大、为中国开创出一个“空前之世局”。

大师的魅力与价值，不仅存在于那些可读可见的经典著述和科研成果之中，更蕴涵在那种可感可叹的高风亮节精神气度之中。直到今天，人们仍然在以不同的方式追怀着大师那“煦煦春阳的师教”和白衣飘飘的“名士风度”。其目的，就是在这种深情的追慕中，不断地反思、探讨、阐述、丰富北大的精神传统，促进北大在新时期的大发展与大进步。因此，也就有了一大批在图书市场上颇为引人注目的“北大书系”。

在追述北大精神和大师风度的众多著作中，北京大学新闻与传播学院肖东发教授主持编撰的《北大人文与风物丛书》是一部具有广泛影响力的著述。2003年以来，《风骨——从京师大学堂到老北大》、《风物——燕园景观及人文底蕴》、《风范——北大名人寓所及轶事》等三卷图文并茂、装帧精美的著作先后出版，从多个方面叙述了北大的历史传统、风物景致，展现了北大名师的精神风度和人格魅力。丛书出版以来，深受读者的欢迎和好评。在北京大学110周年校庆来临之际，肖东发教授又同北大图书馆的周家珍、戴隆基老师合作编写了《北大人文与风物丛书》的第四卷《风采——北大名师的岁月留痕》，从而使这套丛书终成完璧。

作为北京大学110周年的献礼图书之一，此书的出版意义不同寻常，我也乐观其成。本书以图取胜，文字说明为辅。收录了30多位北大著名大师的数百幅珍贵图片，许多历史图片属于首次公开付梓，因而显得愈发珍贵。读者可以通过阅读和欣赏这些历史图片，更为直观地领略大师的翩翩风采，深切地感知图片背后的深厚意蕴，进而对大师、对北大有更为真切而深刻的认知与理解。当然，我们也可以从中看出编写者对大师的尊崇之意和对北大的珍爱之情。大师的风采会感染每一位虔诚的追慕者，而编写者的深情也将感动每一位细心的读者。

先生之风，山高水长；名师风采，北大精魂。是为序。

2008年4月于燕园

序
——北大风物与人文精神

肖东发

“常向湖光会意思,偶从塔影悟精神”

不知从什么时候开始，人们以“一塔湖图”（一塌糊涂）来概括燕园的风景，语虽诙谐，却也恰切。围绕着未名湖、博雅塔和图书馆，燕园里产生了很多美好的传说，也涌现出了很多巧妙的解释。有人说，博雅塔是一枝硕大的神来之笔，而未名湖则是一方来自天池的巨砚，一代又一代的北大人挥动着这枝巨笔，饱蘸未名之墨，书写了北大的辉煌历史，而图书馆则正好是北大百年历史的最好见证和保存者；等等。这样的传说和深化实在是举不胜举。

近来，我倒对“一塔湖图”有一种新的理解——那分明是北大精神的一种特殊象征：

古朴庄重的博雅塔，原是为解决校园供水问题而建造的水塔，竟仿通州古燃灯塔样式，简洁朴素，卓然耸立。能把我们生存相关的最基本的现实需求化作为一种超然的美,而且名之博雅——广博优雅,这一现实,焉能不发人深思?湖光潋滟的未名湖，曾是前清淑春园的所在地，石舫横卧，石鱼翻尾，垂柳环湖，美不胜收。蜿蜒曲折的小径旁，常有琅琅书声；碧波掩映的小岛，宛若嵌于湖心的珍珠。立足湖畔放眼望去，东观博雅塔影，西对钟亭落霞，南眺林木葱郁，北望层楼掩映，游目驰怀，凭添多少书生意气。

湖光塔影，确实是北大校园最有代表性、最醒目的一景。博雅塔雄健挺拔，体现着北大人自强不息的阳刚之气，未名湖柔波荡漾，象征着北大厚德载物的阴柔之美。

塔和湖，一纵一横，一刚一柔，一凸一凹，一阳一阴，一伟岸,一纤秀,一沉稳凝重,一欢快空灵。

塔象征着思想自由,卓尔不群，特立独行，敢于创新,科学求真；湖隐喻了兼容并包，虚怀若谷，整合精深，和而不同,民主多元。二者刚柔相济，珠联璧合，相映生辉，缺一不可，暗合着北大人的精神品格。古话说“大象无形。我们居然把充溢在空气中，原本无形的“北大精神”、“少年气象”、“风骨气韵”有形化了，与可视的燕园景观融在一起了。

为什么北大学生“一旦配上校徽，每个人顿时便有被选择的庄严感”？而且总有一种“指点江山，激扬文字”的高迈气概和“心忧天下，继往开来”的历史使命感，这就是博雅塔和未名湖所体现的精神。就是毕了业，走到天涯海角，也改不了“特立独行”、不迷信权威，“舍我其谁”的劲头。难怪

序——北大风物与人文精神

在有些人的眼里，这些特征被置换成另一套词语，如“狂傲不羁、眼高手低、自由散漫、清高而不合群”等等。这些用不着申辩，因为大致符合事实，确实是不少北大人的毛病。早在1931年，蒋梦麟校长发表《北大之精神》一文，在谈到“兼容并包，思想自由”的时候便说过：“我们有了这两种的特点,因此而产生两种缺点。能容则泽宽而纪律弛；思想自由,则个性发达而群治弛。故此后本校当于相当范围以内，整饬纪律，发展群治，以补本校之不足”。世上事物往往如此：有一长必有一短。识己之长补己之短，方为明智之策。“北大人”并非一个绝对完美的整体，良莠不齐的现象也确实存在，我们并不讳疾忌医。何况，我们距世界一流大学的距离如此遥远。“海纳百川,有容乃大”,无论是搞学术研究还是待人处世,北大人都应该有博大的胸怀;同时，我们也需正确、全面地看待北大和北大人,既不能以整体掩盖局部，也不能因枝节而否定主流。对此我们有足够的自信:北大应该是“神圣的理性殿堂,人文的精神圣地”，也一定会成为世界一流大学。

再说“图”。把塔和湖比作笔和砚，固然生动，但我更愿意把那一阳一阴的塔和湖更加简化地理解为二进制的1和O，排列组合，千变万化，永永不绝，生生不息。正所谓：一生二，二生三，三生万物。图书馆便是阴阳交融之果。涵盖了古今的经典，容纳了中外的理论。百年来，图书馆曾留下多少名人学者的步履，闪耀过多少思想的灵光。前辈圣贤睿智思维的结晶。数千年来人类文明进步的成果，都物化为文献典籍，收藏在这“百年书城”里。一部部传世力作,一项项科研成果,一位位旷世大师的著述,一批批学子才华纵横的论文，一代代师生像蜜蜂酿蜜一样，把心血和智慧化作书籍聚入册府，薪火相传，再向后辈学子们播撒光明。许多名师把自己最珍贵的手稿、奖状、徽章、证书、书法、绘画作品等无偿地捐赠给“北大文库”，不但感人至深，也蕴含深意。难怪人们把图书馆比作皇冠上的明珠、科学的圣殿、文明的沃土，她每天敞开博大的胸怀，张开双臂欢迎成千上万的师生前来吸取营养，然后从这里走出去，创造出更多的成果，更大的辉煌。

写北大的书很多，正面负面的都有,从中既可见北大人对母校的感情是多么深切，又反映出社会各界对北大是何等关注。北大有一种特殊的磁力吸引着追求美好和正义的人们，这种磁力还是源于百多年来形成的一种气韵、风骨和精神。诚如《精神的魅力》开篇所云：

“近百年来，这里成长着中国数代最优秀的学者。丰博的学识，闪光的才智，庄严无畏的独立思想，这一切又与耿介不阿的人格操守以及勇锐的抗争精神相结合，构成了一种特殊的精神魅力。民主与科学，已成为这块圣地的不朽的魂灵。”

就因有了这种精神，才使北大成为一块圣地，才使这块圣地永久地存在下去，才使得北大人在追求真理时越发地真诚而且无畏。

美国教育家杜威曾经赞誉蔡元培先生时说：“拿世界各国的大学校长来比较一下，牛津、剑桥、巴黎、柏林、哈佛、哥伦比亚等等，这些校长中，在某些学科上有卓越贡献的，固不乏其人，但是，以一个校长身份，而能领导那所大学对一个民族、一个时代起到转折作用的，除蔡元培外，恐怕找不出第二人。”的确，全世界的高等学府成千上万，论历史的久远，北大既比不上牛津、剑桥，也比不过哈佛、耶鲁。然而，说到北大的精神魅力及其对国家民族的深远影响，在世界教育史上却堪称无出其右。

也许有人会对此说表示怀疑，为什么只有百年历史的北大在人类文明史上所发挥的作用，要超过排在他前面的众多世界一流大学呢？仔细想想，答案不难找到：

有一位美籍华人提出过这么一个问题：20世纪的100年间，世界上哪个国家变化最大？当然任何一个国家历时百年总要有些变化，但变化最大的当属中国。想想1900年的中国，八国列强组成联军打进北京，在紫禁城太和殿广场阅兵；最高统治者慈禧皇太后带着心如死灰的光绪皇帝逃到西安；守北京的团练大臣-发现甲骨文的王懿荣全家自杀；义和团在用自己的血肉之躯抵挡洋枪洋炮；已经被英法联军烧过的圆明园，刚刚动工修复，又遭一次劫掠和焚烧；已经割了不少地，赔了数万万两黄金白银的清政府，还要再交出巨额的“庚子赔款”，签订丧权辱国的“辛丑条约”……这就是百年前的中国。

100年过去了，公元2000年前后的中国人又在干什么？举国上下在争办奥运和申办世博会，提出的口号是"给中国一个机会，还世界一个惊喜!"因为我们有信心、有实力办出最好的、规模和质量空前的奥运会和世博会。

北京大学就是在这样的历史背景下成长的。她诞生在变法图强的呐喊声中，与国家一起痛苦挣扎、拼搏抗争、奔波流亡、迎接解放、欢庆新生、曲折徘徊、反思觉醒、拨乱反正、改革开放、崛起奋进。她的命运紧紧地和祖国连在一起，深深地介入其中，并在许多关键环节影响着这一历史进程。北大伴随了百年中华的世纪更迭，牵挂着民族，牵挂着百姓苍生，牵挂着东方巨龙的再次飞腾。

面对新的百年，确实要看到我们与世界一流的差距。作为国家最高学府，不能总讲过去辉煌的历史而忘记今后的使命。我们要和共和国一起跨入世界一流的行列。北大在中华民族的伟大复兴中一定会大显身手，发挥排头兵的作用。因为判断一所大学的终极标准，是要看其教学和学术研究对国家和人类幸福所作的贡献。出人才、出思想、出大师、出成果，要在思想、文化以及政治、经济等各个领域回答并解决中国现代化进程中遇到的重大理论和实际问题，这才称得上是真正的世界一流大学。

百度春秋，留下太多不灭的记忆，传载了太多悲壮的传说。这所伟大的学校必然有许多岁月留痕为世人津津乐道。有些是历史赋予的深沉，有些是旧日记忆的引子；有的是可供查考的确证，也有的是口耳相传的故事。城里景山东的马神庙公主府，沙滩红楼的阅览室，民主广场旁的自由钟，北河沿三院的大礼堂,燕园西门前的石狮，办公楼前的华表、未名湖中残存的翻尾石鱼和石舫，见证着北大的历史。燕南园、蔚秀园、畅春园、朗润园……绿荫掩映着多少名师宿儒的淡泊和睿智！有些景点的历史甚至要上溯几百年,离开了这样的沧桑，北大的风景，也不会像如今这样幽深隽永。

历史在这里沉淀，记忆从此地展开。2001年，北京大学校园被国务院列为第五批文物保护单位之一。再过若干年后，我相信她足以匹配世界文化遗产之称号而毫无愧色。

序——北大风物与人文精神

近几年的寒暑假,北大成了旅游点,许多中小学生排着队游览北大的校园，对此已有不少争议。如果仅仅走进校园转一圈,看看燕园的风景，确实意义不大，因为远远称不上了解北大。志在北大的高中生及家长们很神往北大，是可以理解的,但大半不了解北大的历史和精神内涵；就是身在北大的学子也未必熟悉风物景观背后的故事。只有把北大（包括燕京大学及西南联大）的历史传统、人文精神与风物景观结合在一起，才更能品味出北京大学的魅力所在。

然而，至今尚未有这样一部或一套书能系统全面的讲述这些历史风骨、景观风物、名人风范和大师风采。我们北大新闻与传播学院现代出版研究所与北京大学图书馆联合编辑出版《北大人文与风物丛书》，就是寄望能够填补这个空白。

第一卷　风骨:从京师大学堂到老北大

回溯北大历史，自然要从京师大学堂说起。1898年，在中国最后一个封建王朝的风雨飘摇中，戊戌变法仁人志士催生了京师大学堂。八国联军侵占北京时，京师大学堂遭到破坏，一度停办。中华民国成立后，1912年5月，京师大学堂更名为北京大学，严复成为北京大学第一任校长。他的《论北京大学不可停办帖》告诉我们，民国初年要把北大坚持办下去是何等不易！

1916年12月，蔡元培先生被任命为北京大学校长，掀开了北京大学历史上新的一页。鲁迅、胡适等人高举起“新文化”运动的大旗，使得北大成为新文化运动的摇篮；沙滩红楼、民主广场记录下了北大在新民主主义革命中的旗帜意义，“五四运动”的熊熊烈火，展现了北大青年的蓬勃力量，也掀起了中国新民主主义革命的开端；在这里，马克思主义和民主、科学思想逐渐走进中国，更有李大钊、陈独秀、毛泽东等中国共产党的创始人在这里工作、学习和思考过，一批又一批优秀学子从这里动身，走向四面八方，成为祖国革命和建设的栋梁。

抗日战争爆发后，北京大学师生辗转南下，与清华大学、南开大学共同组成长沙临时大学。1938年4月，又由长沙迁到昆明，更名为国立西南联合大学，设立文、理、工、法、师范5个学院26个学系。在抗日战争的艰苦环境下，西南联大仍继续坚持着教育、科学、文化事业，每年在校学生一般保持在3000人左右。有关西南联合大学的史料放在“赴国难　弦歌不辍”一节。

抗日战争胜利后，西南联合大学于1946年5月宣告结束，北京大学在北平复校，同年10月正式开学。当时北京大学设有文、理、法、医、农、工6个学院和一个文科研究所，学生总数为3400多人。1949年2月，北平和平解放，北京大学获得了新生。

第二卷　风物：燕园景观与人文底蕴

中华人民共和国成立之初，毛泽东主席为北大题写校名并三次写信鼓励师生“团结起来，为建设新中国而奋斗”。周恩来总理曾先后六次亲临北大视察或做报告。1951年6月，国务院任命著名经济学家、教育家马寅初为解放后北京大学第一任校长。1952年，全国高等院校进行院系调整，北京大学的医、工、农学院以及其他部分学科或分出去单独成立高等学校，或并入其他大学。清华大学、燕京大学的文、理、法各院系以及其他一些大学的有关系科并入了北京大学。北大的校址也从北京市内的沙滩等地迁移到了位于西北郊著名园林风景区的原燕京大学校址，即“燕园”。时至今日，许多富有时代气息的新建筑也在“燕园”拔地而起，构成新的景观。抚今追昔，当我们带着历史的责任感来重新欣赏北大的校园风光时，便会发现，她是这样的意蕴深刻。

在第二卷的最后，我们对校园建设中存在的问题加以分析评述并提出了一些改进建议。我们希望这套丛书能够起到多方面的作用，其中一个重要方面，是想提醒北大的决策者和规划设计者，要从燕园已成为全国重点文物保护单位和将来要申请世界文化遗产的高度来保护燕园，不能再乱拆乱建。新近落成的校史馆，无论从哪个角度来看，都是败笔。还有博雅塔南的遥感楼，校园西北角的几组建筑、勺园1~9号楼等都与北大原有的建筑风格极不协调。正在建设的国际关系大楼和规划中的农园体育馆，也会破坏校园的整体布局和风貌。我们应该从最近苏州城在世界文化遗产申报中落选和布达拉宫申报时拉萨城拆掉许多新建的高层建筑等事件中吸取教训。不要等到有朝一日还要拆除这些耗费巨资兴建的不和谐建筑。在校园建设中，要加强规划和论证，把保护燕园风貌放在首位，不能见缝插针，破坏景观。另一方面，是对全校师生的建议：保护校园，从自己做起，爱我北大，从点滴做起，北大有许多专业如生物、化学、环境、地理、遥感、计算机、考古等院系所，可以结合自己的学科特点和研究方向，加强对校园湖泊、山石、古树、名木、建筑及整体环境的观察、检测、宣传、治理，切实守护好这一珍贵的重点文物和宝贵的历史文化遗产。

第三卷　风范：北大名人寓所与轶事

任何一种气象都是要讲传承的。我们谈北大的精神，北大的气象，终究还要靠她的载体——人来体现。北大人身上的风骨和使命感从何而来？——北大的历史，北大的环境，都是必不可少的渊源，但正如一位北大学子所言，是“煦煦春阳的师教”——那最大的影响，来自北大的历届师长,北大的先生。

一个多世纪以来，无数名人的脚步与北大前进的轨迹相伴相随；他们曾经或正在居住的地方，与北大自身一样笼罩着圣洁的光辉。一年前，我们曾实地寻访了城区沙滩一带老北大的名人故居。近一年来，我们又多次走进燕南园，聆听芮沐、侯仁之、林庚等先生的教诲，尽管他们都已年逾九旬，但头脑仍十分清晰、思维仍极为敏捷；我们还拜访过季羡林、林焘、徐献瑜、宗璞、汤一介等诸多前辈，他们充满深情地回忆了许多有关燕园名人及其寓所的往事。正是在他们的帮助下，我们才能写出那些大师们的故事。

第四卷　风采：北大名师的岁月留痕

北大百年历史，名师先贤荟萃。从京师大学堂时期到红楼时期、从西南联大时期到获得新生的燕

序——北大风物与人文精神

园，自不断完善学科结构的北大校园里走出的众多校友之中，有埋头苦干的人，有拼命硬干的人，有为民请命的人，有舍身求法的人，他们大都成为民主的脊梁，他们没有辜负这片圣地赋予他们的风骨和灵气！本卷以北京大学图书馆的北大文库馆藏资料为主，编取了36位著名大师的珍贵照片和部分文物，附以简要生平，汇编在一起，从中反映他们对国家和人类的特殊贡献以及北大的优良传统。

本丛书得到北大图书馆的鼎力襄助，因而得以收录了许多以前不易见到的珍贵的历史图片。书中或摘引了名师语录，或设有小序及专论，精心编排，力求以这种议叙相间、图文交织的形式突出展现北大精神，务使追求民主科学的北大传统与耿介不阿、奋起抗争的人格精神融汇于全书。

“兼容并包，思想自由”的博大胸怀，“勤奋、严谨、求实、创新”的校风，“爱国、进步、民主、科学”的主旋律，共同铸造了植根于北大人心中的北大精魂。这是北京大学虽历经百年风雨，确仍然焕发出青春活力的源泉所在。我们希望借这套丛书将北大的美丽多彩的自然风景、曲折辉煌的历史和深邃丰富的精神世界完美地结合起来，向世人展示一个更深刻、更立体的北大。

这四卷是本丛书的第一辑,谨献给北大建校110周年。以后我们还将陆续出版继后各卷，以飨读者。

肖东发

2008年3月25日

风采

严复

严 复

严复（1854.1.8–1921.10.27）初名转初，乳名体乾，原名宗光，字又陵、几道，晚号瘉壄老人。生于福建侯官（今闽侯）县阳崎乡。著名的思想家、教育家，杰出的翻译家和西学传播者。

1859年进私塾读书。1866年参加福州马尾船厂附设的船政学堂（原名“求是堂艺局”）入学考试，名列第一。1867年正式进入船政学堂后学堂，学习英文、数学、物理、化学、地质、天文、航海术等，成绩优秀，于1871年毕业。先后在“建威”舰、“扬武”号军舰上实习，前往新加坡、日本长崎、横滨等地。1876年被派往英国学习海军专业。1877年先后就学于朴次茅斯学校和格林威治皇家海军学院，学习的课程有高等数学、物理、化学、海军战术、海战公法及海军炮堡建筑术。留学期间注意研究西方政治、经济和文化科学，吸收了亚当·斯密、孟德斯鸠、卢梭、穆勒、达尔文、赫胥黎、斯宾塞等人的思想。1879年学成回国，在马江船政学堂任教。1880年调往北洋水师学堂，先后任总教习（教务长）、会办（副校长）、总办（校长）等职。1895年先后在天津《直报》上发表《论世变之亟》、《原强》、《辟韩》、《救亡决论》等重要文章，鼓吹变法维新，提倡“新学”，为戊戌维新思潮的兴起发挥了重要的先导作用，这些论文也成为他一生思想发展的重要界标。1896年任“俄文馆”总办，协助张元济在北京办“通艺学堂”，提倡西学，培植维新人才。并赞助梁启超在上海创办《明务报》。同年夏天，翻译英国学者赫胥黎《天演论》一书，撰写《天演论》自序。1897年在天津创办《国闻报》，并发表《论中国教化之退》、《道学外传》等文章。开始译英国经济学家亚当·斯密《原富》一书。1898年起草《拟上皇帝万言书》刊于《国闻报》，同年被光绪帝召见，询问他对变法的意见。1899年翻译英国学者约翰·穆勒《群己权界论》（即《自由论》）一书。1900年上海维新人士成立“中国国

直報

光緒二十一年二月十七日

西曆一千八百九十五年三月十三日

禮拜三

1. 1878年严复摄于巴黎，时年26岁。

2. 1895年3月13日严复发表于《直报》上的《辟韩》。

会”，他当选为副会长。同年开始翻译英国学者约翰·穆勒的《名学》一书。戊戌变法后，1902年由管学大臣张百熙聘为京师大学堂编译局总办。1905年协助马相伯创办复旦公学，1906年任校长。1910年以“硕学通儒”资格被征为资政院议员。1912年先后任京师大学堂总监督、北京大学第一任校长等职。同年8月，海军部设编译处，任总纂，负责翻译外国海军图籍。1914年12月，海军部设海军编史处，任总纂，负责编辑海军实纪。

严复以“物竞天择，适者生存”的进化论观点，唤起国人救亡图存，以介绍西方哲学、政治、经济思想，宣传进化论观点，大声疾呼鼓民力、开民智、新民德、兴教育、重科学为救国强种之根本，这些思想对于中国当时思想文化界有很大的影响。1913年后，受袁世凯重用，1913年发起成立孔教会。1915年参加筹安会，思想日趋保守。1921年10月27日在故乡逝世。译著有《天演论》、《原富》、《社会通诠》、《群学肄言》、《法意》、《穆勒名学》等西方学术名著，主要著作和有译作收入《严复合集》。

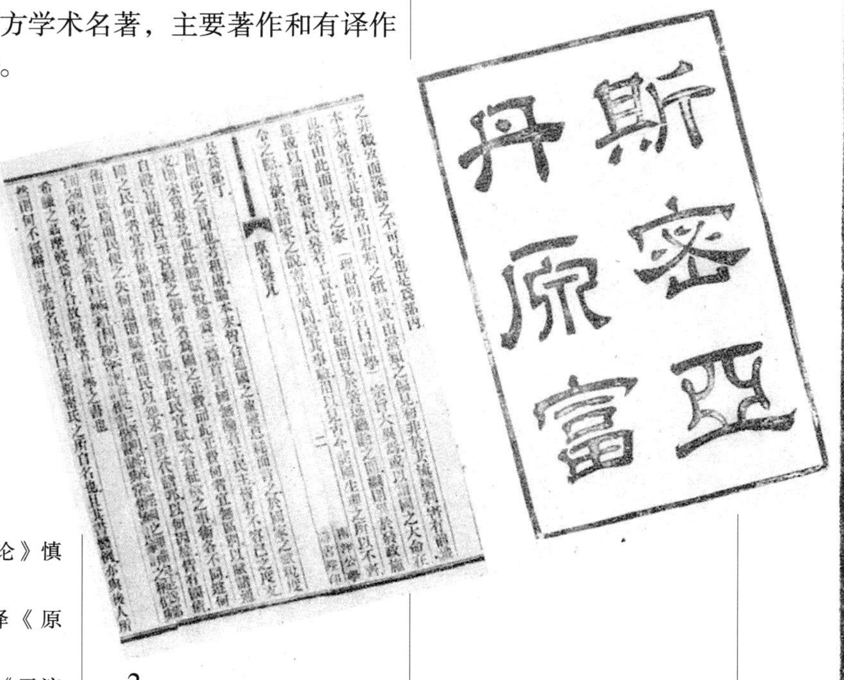

1. 1898年《天演论》慎始基斋本。

2. 1901年严复译《原富》，南洋公学本。

3. 1901年严复译《天演论》富文书局本。

严 复

1. 1902年摄,严复时年49岁。

2. 1905年52岁的严复第二次赴英所摄，有严复英文签名。

3. 1908年严复与外甥女何纫兰（左）合影。

1

2

3

1

2

3

1. 1908年，严复时年55岁。

2. 严复日记手迹。

3. 严复译《天演论》时，年44岁。

严 复

3

1. 严复53岁摄。

2. 严复译《天演论》手稿。

3. 严复译《群已权界论》（初译名《自繇释义》）手稿。

老子道德經上篇

晉王弼注　侯官嚴復評點

一章

道可道非常道名可名非常名

無名天地之始有名萬物之母

故常無欲以觀其妙

常有欲以觀其徼

此兩者同出而異名同謂之玄玄之又玄衆妙之門

二章

天下皆知美之爲美斯惡已皆知善之爲善斯不

1

2

莊子卷第四

外篇駢拇第八

郭象子玄注　陸德明音義

3

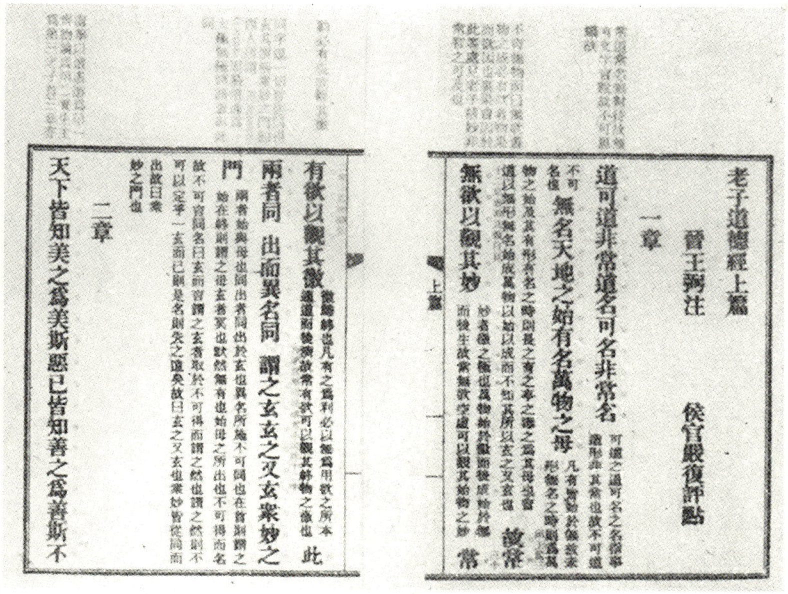

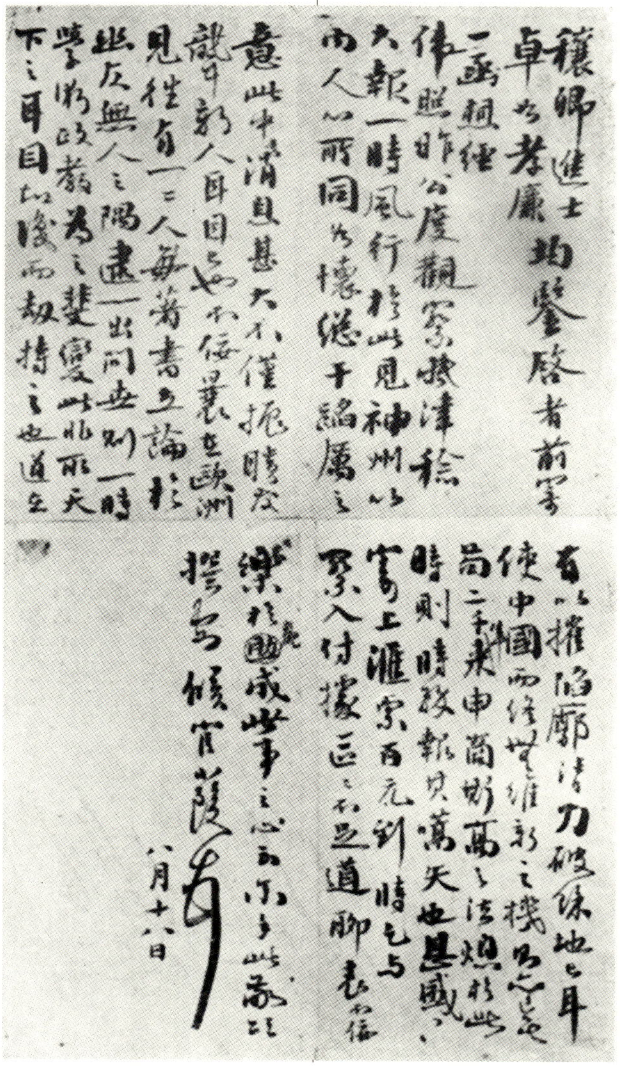

1. 《老子评点》书影。

2. 严复著《庄子评点》手迹。

3. 严复与汪康年、梁启超书手迹。

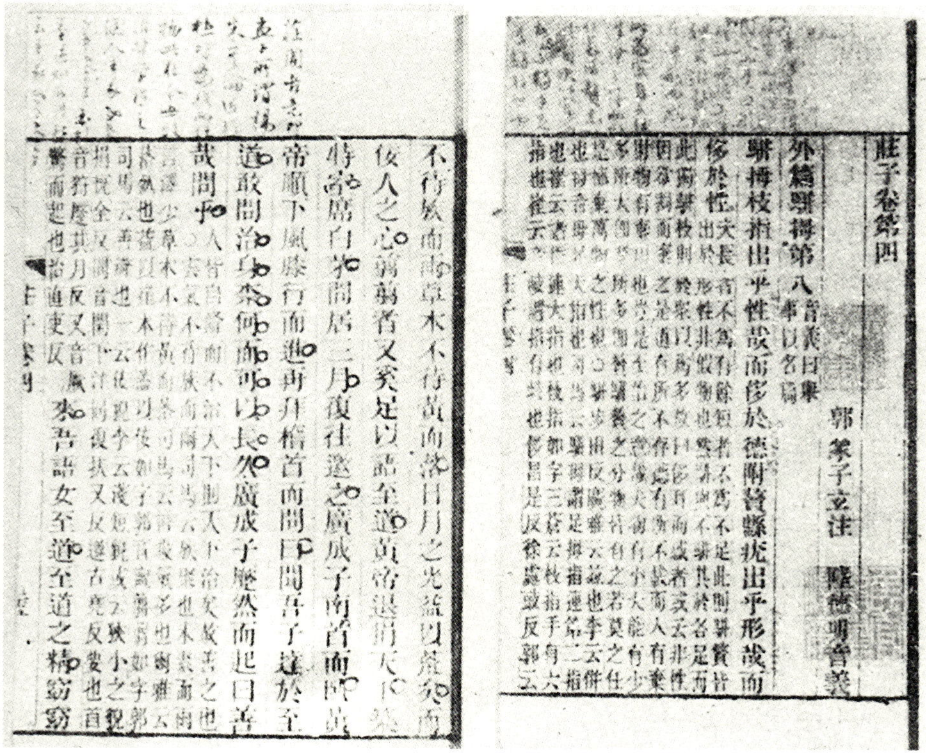

严 复

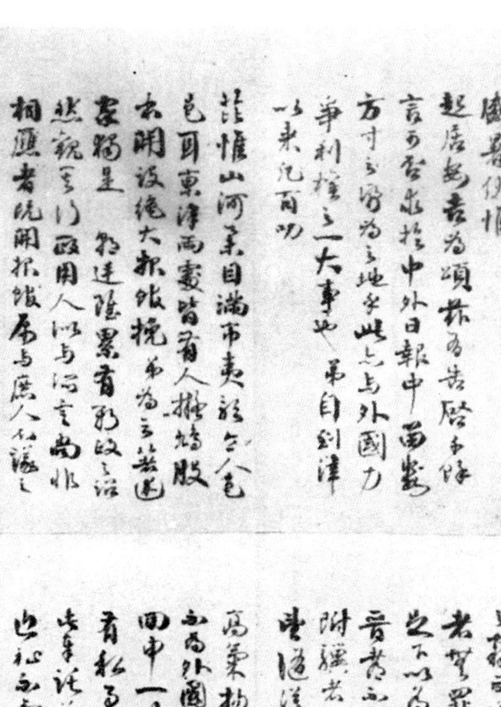

1

2

3

1. 严复与汪康年书手迹。

2. 严复与熊纯如书手迹。

3. 1916年严复应诗人成多禄之邀而作。

蔡元培

蔡元培

蔡元培（1868.1.11—1940.3.5）
字鹤卿、孑民，号鹤庼。浙江绍兴人。思想家、教育家。

蔡元培5岁入私塾，12岁习作“制艺”（即八股文写作），17岁考中秀才。18岁开始担任塾师，1886年应邀为同乡徐树兰“古越藏书楼”校书，得以博览群书。1889年中举，1892年中进士，之后在朝考中列第一等，补授翰林院庶吉士。1894年通过散馆考试，提升为翰林院编修。中日战争后，开始接触西学，受民主革命思想影响，立志举办新式教育。1898年弃官返回故里，任绍兴中西学堂监督。1900年任嵊县剡山书院院长。1901年任上海南洋公学特班总教习，与张元济等创办《外交报》。1902年兼任商务印书馆编译所所长，参与发起成立中国教育会，任事务长（即会长），还创办爱国学社和爱国女校，兼任总理和校长。1904年与章太炎、陶成章等创立光复会，被推举为会长。1905年加入中国同盟会，任上海分会会长。1907年赴德国柏林留学，1908年入莱比锡大学攻读哲学、伦理学、文学等课程，接受进化论观点，主张教育救国。辛亥革命后回国，与黄兴等参加筹建中华民国各省代表会议。

1

2

1. 1908年留德时的蔡元培。

2. 1909年蔡元培留学德国时留影。

1912年，出任中华民国南京临时政府第一任教育总长，主持召开全国第一次教育会议，仿照西方教育制度建立我国近代教育体制，因袁世凯篡权，愤然辞职。同年冬携家眷赴德，仍入莱比锡大学。1913年归国，不久携家眷赴法留学，1915年先后与吴玉章、李石曾等人在法国组织勤工俭学会和华法教育会，组织和资助国内青年赴法留学，1916年回国。1917年与黄炎培等发起组织中华职业教育社，并在北京、江苏等地组织中华新教育共进社，发行《新教育》杂志。同年出任北京大学校长，在主持北京大学工作期间，主张“思想自由，兼容并包”，聘请陈独秀担任文科学长，同时还聘任了一批新派教员，为新文化、新思想的传播开拓道路。实行民主管理和教授治校，提倡

1

2

1. 1912年任教育总长时的蔡元培。

2. 1912年，就任教育总长时之蔡元培（右）。

学生德、智、体、美、劳全面发展。这些革新思想与措施不仅推动了北京大学的发展，使之成为当时新文化运动的发源地与中心，而且对我国近代教育产生深远影响。1919年积极支持五四运动，保护进步师生。1923年，因不满教育总长彭允彝的卑劣行径，刊登“不再到校办事”的启事。同年7月携全家再度赴法，一面从事著译，一面协助李石曾办理华法教育会及里昂中法大学事务，同时，受政府委托赴英国谈判庚子赔款返还资助中国教育事宜。1926年回国，被聘为中山大学筹备委员、北京国立编译馆董事，任全国国语教育促进会会长。1927年任南京国民党中央监察委员会主席，南京国民政府教育行政委员会委员，7月免去所挂北京大学校长名义，10月任南京国民政府

蔡元培

大学院院长。1928年辞去大学院院长之职，创办中央研究院，任院长。1929年兼任国立北平图书馆馆长。1932年年底，与宋庆龄、鲁迅等人组织成立中国民权保障同盟，任副主席。1937年抗战全面爆发后，携全家赴香港，拟转道内地，但迟迟未能脱身，在港处理内迁西南的中央研究院事务，同时承担中华教育文化基金董事会工作。1939年被推为国际反侵略大会中国分会名誉会长。1940年3月5日在港病逝，享年72岁。

蔡元培博学广识，在教育学、美学、伦理学、心理学、语言文字、红学等方面都有独到的见解和建树。

在教育学方面，蔡元培主张教育救国，提出了培养全面发展人才的教育方针，倡导“思想自由、兼容并包”的学术方针，主张学、术并进，理论与实际相互促进的教育方法。

在美学方面，蔡元培受康德心物二元论观点及其美学思想的影响，同时

1

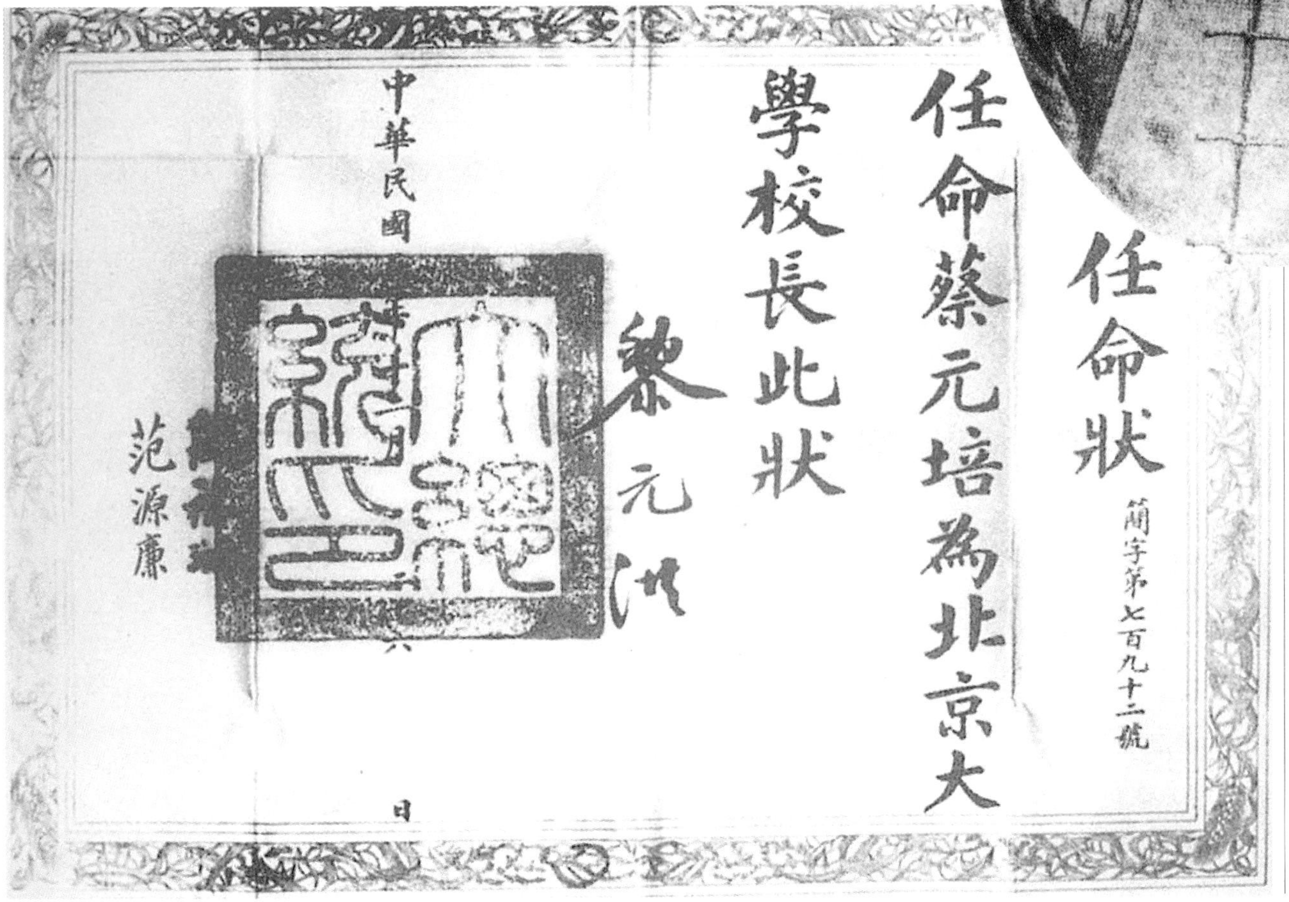

任命狀

簡字第七百九十二號

任命蔡元培為北京大學校長此狀

黎元洪

中華民國

日

范源廉

2

1. 1916年12月26日蔡元培被任务命为北京大学校长的任命状。

2. 1917年任北京大学校长时的蔡元培。

1

1. 1921年9月20日北京大学举行大会欢迎蔡元培（中坐者）考察欧洲教育后归国。

4. 鲁迅应蔡元培之请设计的北大校徽。

吸收了传统文化中的美学思想精华，把西方美学思想与中国具体情况相结合，对中国近代美学的建立和发展起到很大作用。主张美育代宗教，美育的实施要靠全社会的努力，是中国近代教育史上提倡美育的中坚人物。

在心理学方面，蔡元培是现代实验心理学创始人威廉·冯特唯一的中国学生，积极扶持建立中国第一个心理实验室和心理研究所，主张西方心理学与中国传统文化相结合，重视心理学在教育中的应用，开中国现代文艺与美育心理学之先河。

在伦理学方面，蔡元培翻译介绍西方伦理学著作，吸收西方道德哲学的研究方法重新探讨伦理学原理，注重中西伦理学的比较、融合，在伦理学方法、伦理学原理、伦理学史等方面为中国近代伦理学的建构做出了有益的尝试，具有开拓意义。

在语言文字方面，蔡元培积极支持白话文运动，认为“白话是用今人的话来传达今人的意思，是直接的。”主张“汉字既然不能不改革，尽可直接的改用拉丁字母”。主张推行世界语，被推举为北京世界语专门学校校长。

在红学方面，蔡元培是索引派红学的集大成者，特别强调《红楼梦》的政治意

2

蔡元培

1

2

1. 任中央研究院院长时的蔡元培。

2. 1921年8月，蔡元培（前居中）率中国教育代表团到檀香山出席太平洋各国教育会议，并在大会上发表演说，由代表团代表韦悫译为英语。图为代表团成员。

义，基本研究方法是“阐证本事”，对《红楼梦》的表现手法有可取的见解。

蔡元培教授毕生从事民主革命和现代教育事业，为之做出了重大贡献，被誉为“现代知识界的卓越前驱”。论著约300万字，收入《蔡元培全集》。

1

2

3

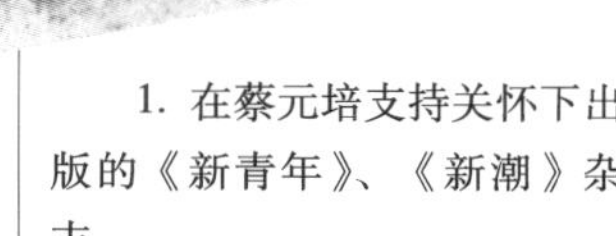

1. 在蔡元培支持关怀下出版的《新青年》、《新潮》杂志。

2. 1924年蔡元培（中）在法国参观。

3. 1925年在欧洲考察教育时的蔡元培。

蔡元培

1

2

3

1. 1927年任大学院院长时的蔡元培。

2. 1933年6月4日蔡元培出席世界文化合作中国协会筹备委员会会议，前左二为蔡元培，右一为李石曾，后左一为吴稚晖，后右三为黄炎培。

3. 蔡元培与夫人周峻。

1

我對於各家學說，依各國大學通例，循思想自由原則，兼容並包。無論何種學派，苟其言之成理，持之有故，尚未達自然淘汰之命運，即使彼此相反，也聽他們自由發展。例如陳君介石、陳君漢章一派的文史，與沈君尹默一派不同；黃君季剛一派的文學，又與胡君適之的一派不同；那時候各行其是，並不相妨。對於外國語，也力矯偏重英語的舊習，增設法、德、俄、意諸國文學系，即世界語亦列為選科。

2

1. 蔡元培在法国学习时留影。

2. 蔡元培在《自写年谱》中回忆办北大的原则。

3. 1933年2月17日，中国民权保障同盟领导者在孙中山故居欢迎英国文学家萧伯纳。有蔡元培（中）、史沫特莱（左一）、萧伯纳（左二）、宋庆龄（左三）、伊洛生（右三）、林语堂（右二）、鲁迅（右一）。

4. 1933年蔡元培（右）在上海孙中山故居与鲁迅（左）、英国作家萧伯纳（中）合影。

3

4

蔡元培

1

鲁迅先生治丧委员会
蔡元培
马相伯
宋庆龄
毛泽东
内山完造
A.史沫特莱
沈钧儒
茅盾
萧参
十月二十日

2

3

1. 由蔡元培领衔，宋庆龄、毛泽东等人参加的鲁迅治丧委员会名单（1936年10月20日）。

2. 1940年蔡元培在香港，这是他最后的留影。

3. 蔡元培先生主校时之国立北京大学。

風采

鲁 迅

1912年辛亥革命后摄于绍兴。

鲁迅（1881.9.25–1936.10.19）小名樟寿，原名周树人，幼名阿张，字豫亭，号豫才，笔名鲁迅、庚辰等。浙江绍兴人。中国现代伟大的文学家、思想家和教育家，中国新文学的奠基人。

鲁迅1886年入塾念书，初诵鉴略。1896年父亲去世，家境艰难。1898年考入江南陆师学堂附设的路矿学堂学习矿业，成绩优秀，1901年毕业。1902年由江南督练公所派赴日本留学，入东京弘文学院学习。1904年入仙台医专学习。后弃医从文，立志要以唤醒国民为己任，指出要救中国必先提高全民族的素质。1905年曾站在以孙中山为首的革命派一边，发表了《摩里诗力说》、《文化偏至论》等重要文章。1908年参加光复会。1909年6月回国，在浙江两级师范学堂任教。1910年8月任绍兴中学堂教员兼监学。1911年9月任绍兴师范学校校长。辛亥革命后，1912年1月受南京临时政府教育总长蔡元培之招任南京临时政府教育部部员，5月到北京，先后任教育部社会司第一科科长、教育部佥事等职。“五四”运动前后参加《新青年》的编委工作，与李大钊、陈独秀等人一起倡导新文化运动。1918年5月第一次用鲁迅的笔名在《新青年》上发表了中国现代文学史上第一篇白话小说《狂人日记》，对人吃人的封建制度进行了无情的揭露和猛烈的抨击，在社会上引起强烈反响。1920年秋后，先后在北京大学、北京师范大学、北京女子师范大学、中国大学等校任教，讲授中国小说史等课程。1925年6月后，他三次为“五卅”惨案捐款，热情参加了北师大学生运动和“三·一八”学生爱国运动。1926年8月因支持北京学生爱国运动而遭通缉，被迫南下到厦门大学任国文系教授。1927年1月到广州中山大学任教授、文学系主任、教务主任等职，开始和中国共产党建立密切联系。“四·一二”反革命政变后，因营救被捕学生无效而愤然辞职。同年10月到上海，专门从事著译，并认真研究、介绍马克思主义文艺理论。1930年3月起，积极发起和领导中国左翼作家联盟，成为中国共产党领导下的左翼文学运动的主将。同时参与发起成立中国自由运动大同盟和中国民权保障同盟等进步组织。1933年5月同宋庆龄一起赴德国驻沪领事馆递交反希特勒法西斯暴行的抗议书。1936年初“左联”解散后，响应中国共产党的号召，积极参加文化界的抗日民族统一战线。他在《答徐懋庸并关于抗日统一战线问题》一文中，重申“中国目前的革命的政党向全国人民所提出的抗日统一战线的政策，我是看见的，我是拥护的，我无条件地加入这战线，那理由是因为我不但是一个作家，而且是一个中国人。”1936年10月19日鲁迅先生在上海病逝。鲁迅先生的著译很多，1938年出版了《鲁迅全集》（二十卷）。新中国成立后，编辑出版了《鲁迅全集》（十卷）、《鲁迅译文集》（十卷）、《鲁迅日记》（二卷）、《鲁迅书信集》（二卷）、《鲁迅全集》（十六卷）。

1

2

1. 1903年留学日本时摄于东京。

2. 三味书屋。绍兴城里有名的私塾。鲁迅12岁至17岁时在这里读书。

鲁 迅

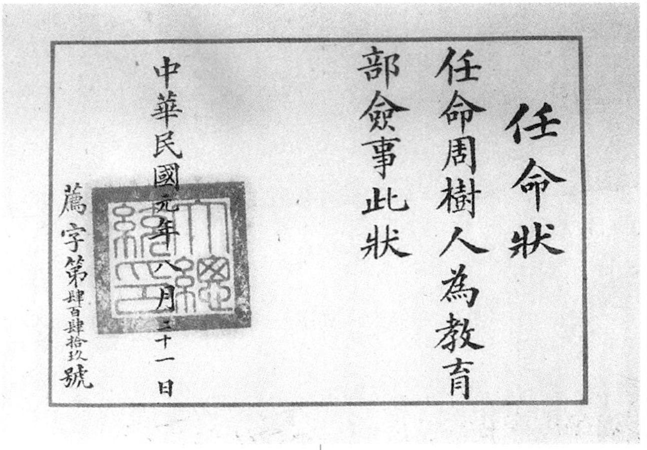

任命狀

任命周樹人為教育部僉事此狀

中華民國元年八月二十一日

薦字第肆百肆拾玖號

1

2

1. 1911年8月民国政府颁发给周树人（鲁迅的原名）的佥事任命状。

2. 1909年鲁迅（前排左一）与许寿裳、蒋抑卮夫妇在日本东京合影。前排右一为许寿裳，中坐者为蒋抑卮。

1. 1927年9月11日鲁迅（左一）与许广平（左二）、蒋径三合影。

2. 鲁迅为北京大学设计的校徽图案。

3. 西直门内八道湾11号，鲁迅创作《阿Q正传》处。

4. 1927年10月4日鲁迅与许广平等合影于上海。前排左起：周建人、许广平、鲁迅；后排左起：孙福熙、林语堂、孙伏园。

1

2

3

1. 1928年3月16日鲁迅在上海景云里寓所。

2. 1931年4月20 日，编完《前哨》（纪念战死者号）后，鲁迅（前排右）全家与冯雪峰（前排左）全家合影。

3. 1930年9月25日鲁迅（右）与许广平（左二）、周海婴合影。

1

2

3

1. 1933年4月24日鲁迅在上海与杨铨（中）、李济之（左）合影。

2. 1932年鲁迅在北京师范大学演讲。

3. 1933年2月17日鲁迅（左）与萧伯纳（中）、蔡元培（右）合影于上海中山故居。

鲁 迅

灵臺無計逃神矢
風雨如磐闇故園
寄意寒星荃不察
我以我血薦軒轅

二十一歲時作 五十一歲時寫之 時辛未二月十六日也 魯迅

1. 1930年9月24日鲁迅摄于上海。

2. 1933年9月13日鲁迅五十三岁寿辰全家合影。

3. 鲁迅《自传》手稿。

4. 鲁迅手书诗《自题小像》。

马寅初

马寅初

马寅初（1882.6.24—1982.5.10）原名元善，字寅初。原籍浙江嵊县，生于绍兴。经济学家、人口学家、教育家，中国科学院哲学社会学部委员。

自幼聪颖，刻苦攻读，1898年入上海中西学院学习。1902年考入天津北洋大学，专攻矿冶工程，1906年毕业。1907年以优秀成绩被北洋政府保送美国耶鲁大学官费留学，主修经济学，1910年获学士学位。后入哥伦比亚大学研究院，研究经济学，获文学硕士。1914年完成博士论文《纽约市的财政》（英文），获美国哥伦比亚大学经济

2

1

1. 1910年马寅初在美国耶鲁大学留影。

2. 马寅初北洋大学毕业时留影。

学博士学位，论文立即出版，成为畅销书，并列为哥伦比亚大学一年级教材。后入纽约大学研究商业，修读会计学、统计学。1915年回国，任财政部职员。1916年任北京大学经济系教授，后兼任系主任。1919年被推选为北京大学第一任教务长。“五四”运动期间马寅初热情支持学生爱国运动。1920年兼任上海吴淞中国公学讲师，与上海东南大学校长郭秉文共同创办东南大学商学院。1921年兼任浙江兴业银行顾问，1922年任中国银行顾问兼总司券，1923年任中国经济学社副社长。1927年辞去北京大学教授职务，任浙江省政府委员兼财政委员会主席。1928年任国民党南京政府立法院财政、经济两委员会委员兼委员长，并任南京中央大学经济系教授兼系主任，同时在上海交通大学、苏州东吴大学、浙江大学任教。同年任中国经济学社社长。1932年任上海交通大学教授。1938年初到重庆，任重庆大学经济学教授，兼商学院院长。1940年12月，因要求实行民主政

1. 1914年由美国哥伦比亚大学政治学院出版的马寅初博士论文《纽约市的财政》书影。

2. 1910年至1914年，马寅初在美国哥伦比亚大学攻读经济学硕士、博士学位。此为哥伦比亚大学校园。

1

THE AUTHOR'S PREFACE

THE Finances of the Empire City of New York and those of the Empire Republic of China have many points of resemblance. For instance, the method of budget-making in New York City, some six years ago, was very similar to the method used in China under the monarchy, which consisted in granting budgetary appropriations in lump sums, without any definite and clear segregation according to functions and objects of expenditure. Again, the debt of New York City has been allowed to grow to its present size of over a billion dollars, without any attempt on the part of the city officials, until recently, to keep it in check by introducing scientific methods of administration, just as the national debt of China has been permitted to grow to its present size without any attempt on the part of the Chinese officials to check its growth. In the following monograph I have attempted to make a close study of the various phases of the financial transactions of the City of New York, as reflected in the $841,000,000 of actual cash receipts and the $844,000,000 of actual cash payments in 1913, and to explain how New York City is now financially maintained. Such a study serves to make clear the means by which the city has passed or is passing out of a financial chaos into a financial system, and affords a valuable lesson for China's benefit. Many of the scientific methods adopted by New York City in reforming her finances have been adopted by other cities in the United States for reforming theirs. Even the United States Government is now making a special effort to use the same methods of budgetary segregation as

1801

THE AUTHOR'S PREFACE [190

...n use in New York City to-day. I see no reason why a ...m that admits of being copied and successfully installed ...unicipal and the federal governments in the old Re... of the United States, may not be copied and installed ... provincial and the central governments of the Young ...lic of China. The details in each particular case of ...ation may vary from locality to locality, but the prin... underlying the details, so far as they are known to ... practically the same. Even though it will not be ...r China to follow New York City's example, I be...is account of how New York City has been finan...aintained, without even a fractional loss of her ...ill be of value to Chinese fiscal authorities, particu... be translated into the Chinese language.

... sake of clearness, I have treated the subject under ...rate topics, viz.: (1) scientific budget-making, (2) ...n of taxation, (3) the administration of the ...nd (4) the control of revenues and expenditures ...new system of accounting. All of these separate ...owever, linked together into a continuous chain ...easoning, as clearly indicated in the introductory ...y chief disappointment is that although I have ... treating the various phases of the subject as a ... failed to describe fully the whole financial situ... has been due in part, I must confess, to the ...h so many factors to be taken into considera... has failed to comprehend all or perhaps even ...ortant of them. This failure occurred, not... the great encouragement of my major pro...or Edwin R. A. Seligman, who has not only ...le suggestions as to the improvement of my ...lso kindly arranged to have the Series bear ...ighty per cent of the total cost of printing ...him, therefore, is due my most cordial ack...

7

I cannot refrain from expressing equally ...s to another major professor of mine, Pro... Seager, for his excellent remarks made at ...ng, which called my attention to a vital ...ooked, as well as for the detailed sugges...ments he has made in this book. I am ...dinarily indebted to the Hon. Shah Kai...er at Washington; Hon. Yang Yu-Ying, ...neral in New York, and Hon. Francis ...e-Consul in New York, for their united ... from the Chinese Government four ...f time in which to finish my work; to ...rdy, President of the Department of ...t, New York City; Hon. William A. ...ller of the City of New York, and ...uncan MacInnes, Chief Accountant, ...re, Expert Accountant; Mr. H. H. ...eceipts; and also to the ladies and ...u of Municipal Research, espec... some gentlemen of the Department ... and Electricity, especially Mr.

...r 5, 1914. YIN CH'U MA.

2

治，反对独裁统治，面对反动统治势力，不畏强暴，挺身抗争，被国民党政府逮捕，囚禁于贵州息峰，1941年被解往上饶集中营。1942年被释放后，软禁于重庆歌乐山家中。1944年冬获得自由。1945年重回重庆大学任教。抗战胜利后，1946年离开重庆到上海，任上海中华工商专科学校政治经济学教授，后改任浙江大学教授。1947年当选为中央研究院第一届院士。1949年，任出席“世界拥护和平大会”中国代表团副团长，赴巴黎、布拉格参加会议。8月，任浙江大学校长。9月出席中国人民政治协商会议第一次全体会议，当选为中央人民政府委员。同年被任命为中央人民政府政务院财政经济委员会副主任，当选为中国保卫世界和平大会全国委员会常务委员，出任华东军政委员会副主席。1951年，任北京大学校长。1955年当选为中国科学院哲学社会科学部委员。1958年因发表“新人口论”，遭到全国范围的批判，1960年被迫辞去北京大学校长职务，离开北京大学。1979年被平反，并聘任为北京大学名誉校长，重新当选为第五届全国人民代表大会常委会委员。1981年当选为中国人口学会名誉会长，中国经济学团体联合会第一届理事会

1

2

1. 20世纪20年代初，马寅初（左一）与蔡元培（右一）等合影。

2. 1916年至1927年，马寅初在北京大学经济系任教。

顾问。

马寅初毕生从事经济学的教学与研究工作，为经济学研究和经济建设做出了重大贡献。

20世纪20年代，除讲授经济学课程外，在北京、上海等地发表演讲200余次，对农业、工商业、劳资、国际贸易、财政与税务、银行与货币等问题做了阐述，对当时的经济学界和实业界有一定的影响。同时介绍了国际汇兑的基础知识和方法，对国内银行业务的现状和问题进行了比较细致的分析。

抗战时期，经济研究以有利于抗战为目的，主要经济观点有：主张改革财政制度，建立战时税收制度；主张稳定币值，反对恶性通货膨胀；认为战时的货币要保持独立性。

20世纪40年代的主要经济思想为：反对帝国主义的侵略和倾销政策，维护民族资本利益；反对官僚资本在经济上的垄断统治，维护中小企业的生存和发展；主张经济建设必须工业、农业并重；认为在不损害国家主权的原则下，应尽量利用外资，引进外国先进技术；认为一个独立富强的中国要以一个民主的中国为前提。

新中国成立后，马寅初积极研究社会主义经济理论和实际问题，为社会主义建设献计献策。早在建国之初，他从理论上阐明了新民主主义经济的结构、特征和优越性，以及从新民主主义转变到社会主义的根本途径。50年代初期，他又撰文阐述了社会主义财政预算与资本主义财政预算的本质区别。此后，又提出要使国民经济有计划高速发展，必须对各部门、各环节进行综合平衡。在实现计划经济方面，认为必须利用价值规律，发挥市场的调节作用，主张在国营企业的领导下，开放农村初级市场，活跃农民之间互通有无的贸易。其研究中国人口问题的重要成果《新人口论》，系统阐述了中国人口问题的性质、表现形式和解决方法。

主要著作有：《通货新论》、《马寅初战时经济论文集》、《我的经济理论哲学思想和政治立场》、《中国国外汇兑》、《中华银行论》、《中国关税问题》、《中国经济改造》、《经济学概论》、《新人口论》、《马寅初经济论文集》等，主要论著收入了《马寅初全集》。

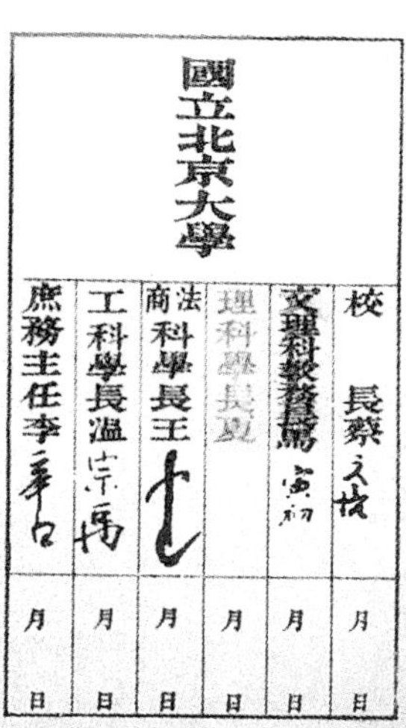
國立北京大學

校長蔡
文理科教務長馬
理科學長夏
法商科學長王
工科學長溫
庶務主任李

1

1. 1919年4月马寅初被北京大学教授评议会推选为北大首任教务长，成为蔡元培校长教育改革的得力助手。图为蔡元培校长为推举马寅初教授为教务长之事给教育总长的呈文。

马寅初

1. 1942年8月马寅初教授被蒋介石软禁在重庆歌乐山家中时的留影。

2. 1941年3月30日重庆大学师生和社会各界人士冲破阻力，庆祝马寅初教授六十大寿，“明师永寿”。

3. 1946年马寅初教授为重庆大学学生许显忠题词。

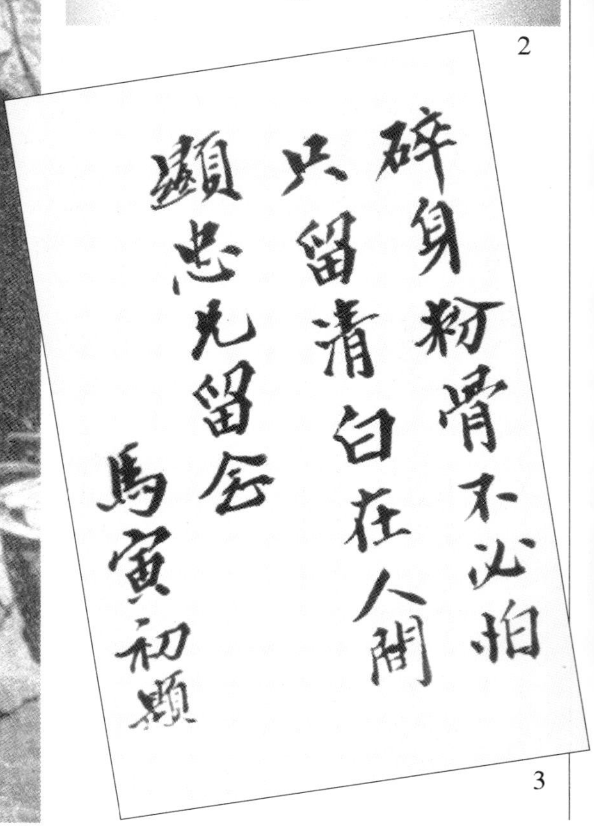

碎身粉骨不必怕
只留清白在人間
顯忠兄留念
馬寅初題

3

1

2

1. 为庆祝身陷囹圄的马寅初教授六十大寿，周恩来、董必武、邓颖超联名致赠寿联，寓意深长。

2. 1946年12月24日北平爆发北大女生沈崇被美军士兵强暴事件。1947年元旦，马寅初教授参加上海学生抗议美军暴行大游行。

3. 1951年6月1日在教育部部长马叙伦的陪同下，马寅初教授出席北京大学师生欢迎马校长就职典礼并发表就职演说。

马寅初

1

1. 1949年3月25日，马寅初教授（前右一）与沈钧儒、黄炎培等民主人士共赴北平西郊机场，欢迎毛泽东、周恩来、朱德等中共领导人进入北平。

2. 1957年7月，马寅初教授在全国一届人大四次会议上宣讲“新人口论”。

3. 马寅初教授（左二）主持北大校务会议，参加会议的还有副校长、著名历史学家翦伯赞教授（左三）。

2

3

1. 1957年马寅初教授陪同周恩来总理视察北京大学。

2. 1957年马寅初教授陪同邓小平、伏罗希洛夫访问北京大学。

3. 1960年1月辞去北大校长后，马寅初教授在东总布胡同寓所潜心学习，继续研究农业和人口问题。

马寅初

1

ASIAN CONFERENCE OF PARLIAMENTARIANS
ON POPULATION AND DEVELOPMENT

In sincere appreciation
for
his outstanding contribution
to the field of population studies
this scroll of honour
is presented to

PROFESSOR MA YINCHU

in Beijing on 27 October 1981.

Ranjit Atapattu Convenor of steering Committee	Rafael M. Salas Executive Director, UNFPA
He Liliang Deputy Convenor, Steering Committee	Sat Paul Mittal Member, Steering Committee
Takashi Sato Member, Steering Committee	Shahrir Abdul Samad Member, Steering Committee

3

2

1. 马寅初教授晚年像。

2. 1979年9月15日北大党委书记周林（前排左四）和副校长张龙翔（前排左二）等师生代表专程到马寅初家祝贺，为他彻底平反，并宣布任命马寅初教授（前排右二）为北京大学名誉校长。

3. 1981年10月亚洲议员人口与发展会议指导委员会以会议全体代表的名义，向马寅初教授颁赠了英文表彰信。

风采

熊十力

熊十力

1

熊十力（1885.2.28–1968.5.23）原名继智、升恒，字十力、子贞、子真，号漆园，曾用名周定中，晚年自称漆园老人。湖北黄冈人。哲学家、史学家，是现代新儒学的奠基者之一。

熊十力1894年在父亲掌教的乡塾读书，学《三字经》、《四书》等。1896年父亲病逝后停学。1903年入武昌新军，进行反清革命活动，1906年加入同盟会。发起组织并主持黄冈军学界讲习社，该社成为军界与学界的桥梁，宣传和组织革命。1908年返回黄冈，先后在百福寺白石书院和马鞍山的黄龙岩教书。1911年参加武昌起义，任湖北都督府参谋。1917年赴广州协助孙中山工作。1918年因对国民党颇觉失望，专心致力于学术研究。1919年在天津南开学校教国文。1922年受蔡元培聘请，到北京大学任教，先后任特约讲师、副教授、教授。在教学过程中融会贯通儒、佛两家思想观点，发挥了《周易》、宋明理学和佛教法相唯识之学，逐步阐发自己的哲学观，完成了"唯识论"、"新唯识论"。1932年出版的《新唯识论》标志着他的哲学思想已趋成熟，至1935年已逐渐形成新儒家学派。抗日战争初期到四川，宣传抗日，弘扬民族精神。1939年讲学于乐山复性书院。仍致力于哲学、中国历史研究、讲学、著述。1947年返回北京大学，1948年《十力语要》出版，后赴浙江大学讲学。1949年9月以特约代表身份参加中国人民政治协商会议第一次会议。新中国成立后，1950年初重回北大，被聘为北京大学教授。1954年后，定居上海，专事著述。曾当选为第二、三、四届全国政协委员。写有专著23部，发

2

1. 熊十力教授。

2. 1917年熊十力先生一家摄于武昌。右起：熊十力、岳父、熊十力夫人、长女熊幼光。

表论文、札记100余篇。

熊十力教授其哲学思想集儒、佛之精义，吸取西方近现代哲学之积极研究成果，并努力发掘中国传统哲学之积极成就，形成现代中国一种独具特色的哲学体系，在中国现代思想史上占有重要地位，对海内外学术界产生深远影响。

主要著作还有《新唯识论》、《佛学名相通释》、《乾坤衍》、《原儒》、《体用论》、《明心篇》等。

1

2

3

1. 1930年中秋前，熊十力先生（后排右二）与友人摄于杭州西湖广化寺。

2. 汤用彤（右）、熊十力、柳诒徵（左）在南京。

3. 1946年熊十力教授（后排左三）在四川五通桥主持黄海化学社附设哲学研究部时与友人及学生合影。

熊十力

1. 1948年春，马一浮先生（前排右四）与复性书院同仁欢迎熊十力教授（前排右三），叶左文先生（前排右五）并合影留念。

2. 1955年马一浮先生致函熊十力教授的信封手迹。

3. 1958年熊十力教授阖家摄于上海。中排右二起：熊十力夫人、熊十力、王孟逊、王孟逊夫人。后排右起：长女幼光、子世菩、媳万玉娇；余为孙儿、孙女。

1

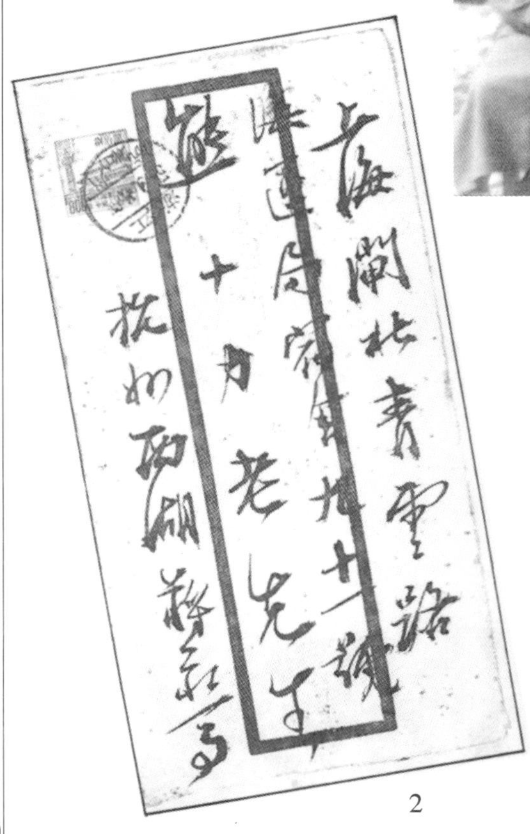

2

3

风采

李大钊

李大钊（1889.10.29—1927.4.28）原名耆年，字寿昌，后改名大钊，字守常，笔名龟年、大钊、孤松、剑影等。河北乐亭人。马克思主义理论家、政治学家、历史学家、无产阶级革命家，中国共产党主要创始人之一。

7岁入本村私塾，先后从单子鳌、国子监“优贡”黄玉堂读书，从小读书勤奋、刻苦，在幼年便以才思敏捷、能文善诗而著称于乡里。1905年应科举考试，因当时清政府下令停办科举，遂转入永平府（今河北省卢龙县）中学学习。1907年考入天津北洋法政专门学校，学习法政诸科及英、日文，开始接触西方启蒙思想家卢梭等人的著作。1912年参与组织北洋法政学会。同年冬天在北京加入中国社会党，并担任该党天津支部干事。1913年担任北洋法政学会编辑部长，负责编辑《言治》月刊，该刊于同年4月正式出版。7月毕业于北洋法政专门学校。同年冬东渡日本，1914年春考入东京早稻田大学政治本科。1916年5月为参加国内的“讨袁”运动，辍学回国，后任北京《晨钟报》主编。1917年1月任《甲寅》日刊编辑，宣传民主革命思想。1918年2月经章士钊推荐，接替章士钊任北京大学图书馆主任，还兼任北大校评议委员会评议员，经济系、历史系教授，参与编辑《新青年》。俄国十月社会主义革命后，接受和积极传播马克思列宁主义，发表《庶民的胜利》、《布尔什维主义的胜利》等著名论文。参与组织“少年中国学会”，与陈独秀等创办《每周评论》，积极领导“五四”运动。1918年10月经杨昌济教授介绍，安排毛泽东担任北大图书馆管理员。1920年与邓中夏等在北京大学发起组织了我国第一个“马克思学说研究会”，会见共产国际代表，讨论有关建立中国共产党的问题。同年9月，与邓中夏等发起成立了北京共产主义小组，并创办《劳动者》周刊，向工人群众进行马克思主义宣传，为创建中国共产党在思想上和组织上作出了重要贡献。1921年中国共产党成立后，负责中共北京市委和北方区委的工作。后历任北京大学校长秘书、学生事业委员会长，中共中央委员，中国劳动组合书记部北方分部书记等职。1923年2月参与组织和领导“二七”大罢工。同年6月参加中国共产党第三次代表大会，赞成国共合作，会后代表中国共产党与孙中山进行会谈。1924年1月参加国民党第一次代表大会，当选为国民党中央执行委员，为建立革命统一战线、实现第一次国共合作作出了重大贡献。同年6月率中国共产党代表团出席共产国际第五次代表大会。1925年——1926年积极参加和领导北京“五卅” 运动、“三.一八”运动。1927年4月6日被奉系军阀张作霖逮捕，28日在北京英勇就义。

李大钊的学术研究领域涉及马克思主义、史学、政治学、法学、民俗学、图书馆学等方面，都有突出的成就。

李大钊是马克思主义在中国传播的第一个奠基人，强调马克思主义是科学理论，注重其在学理上的严密性和在科学研究方面的指导意义，把马克思主义引入高等学校课堂，并把马克思主义与中国革命实际结合，为中国革命做出了突出的贡献。

在史学方面，李大钊系统介绍了马克思主义历史哲学，同时对西方历史哲学

1. 李大钊手书条幅。

2. 青少年时期的李大钊。

3. 1913年4月1日，李大钊在负责编辑的《言治》创刊号上发表文章。

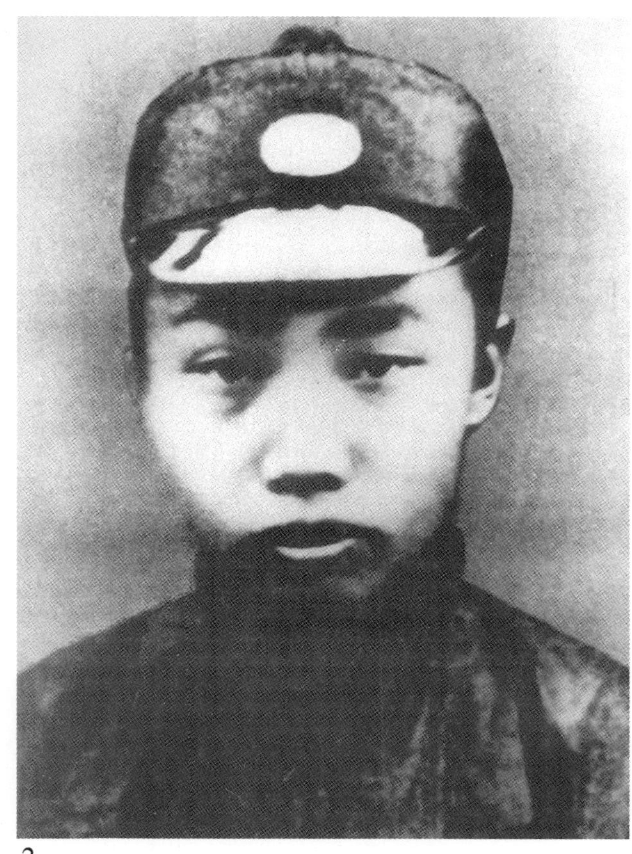

李大钊

进行了深层研究，认为马克思的唯物史观是西方历史哲学合乎逻辑发展的产物。对历史哲学的地位进行了科学的解说，并对历史本体论、历史认识论做了研究，为历史哲学在中国的发展作出了贡献。对中国古代史研究注重运用唯物史观对中国古代经济生活进行探讨，提倡用新的观点和方法研究中国古代史。

在法学方面，李大钊积极倡导争取法律主权，认为专制时代尚人治，立宪时代重法制，宪政制度是国家最重要的法律制度，保障人民自由权利是宪政的基本内容。

在图书馆学方面，李大钊因为在图书馆理论和实践方面的贡献，被誉为“中国现代图书馆之父”，认为现代图书馆应以利用为主，充分发挥教育功能。

主要论著收入《李大钊文集》。

1

2

1. 在北洋法政专门学校读书时的李大钊。

2. 李大钊在日本东京早稻田大学学习期间与该校师生合影，前排左三为李大钊。

1

1. 任《晨钟报》总编辑的李大钊与编辑部同仁在中央公园（今北京中山公园）合影，前排左起第5人为李大钊。

2. 1916年李大钊在《新青年》上发表《青春》一文。

3. 1916年李大钊（前排中坐者）与宪法公言社同仁合影。

2

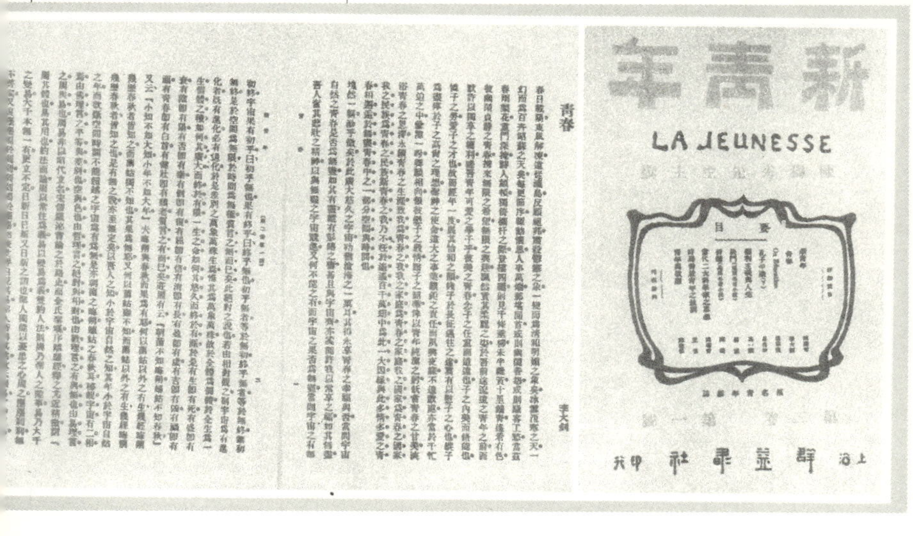

青春

李大钊

新青年

LA JEUNESSE

3

李

1 
新青年
LA JEUNESSE
第六卷第五號
上海群益書社印行

2 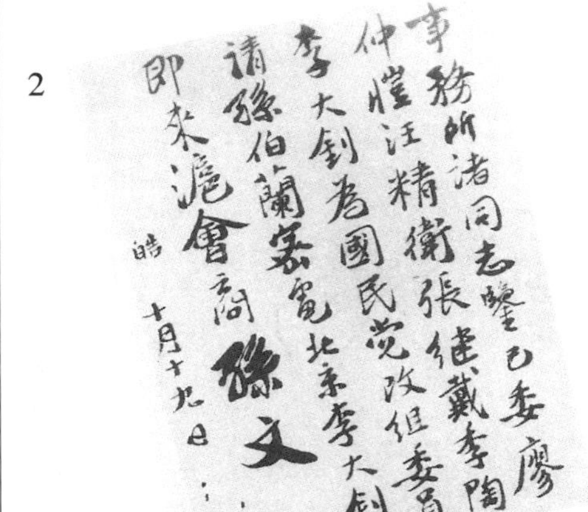
事務所諸同志鑒 已委廖
仲愷汪精衛張繼戴季陶
李大釗為國民党改組委員
請孫伯蘭密電北京李大釗
即來滬會商 孫文
皓 十月十九日

4

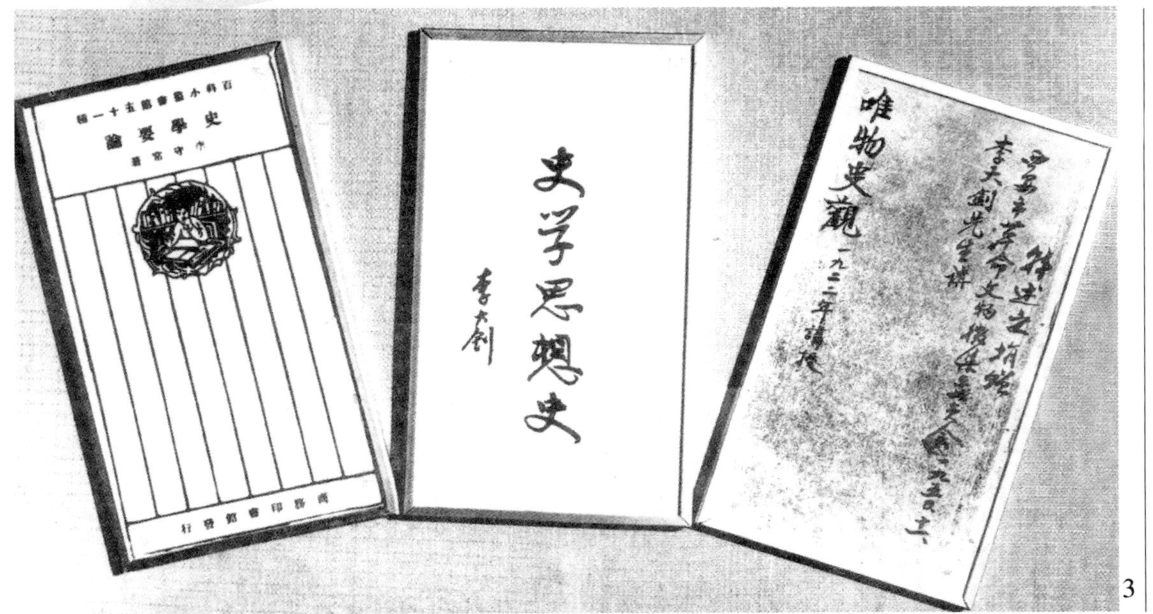

3

1. 1919年9月李大钊编辑的《新青年》第6卷第5号，为“马克思研究专号”。

2. 1923年10月19日孙中山电邀李大钊到上海，与他商谈国民党改组之事的信件手迹。

3. 李大钊在北京大学任教授期间撰写的著作和讲义。

4. 1919年李大钊教授（左二）与张申府（右一）、梁漱溟（右二）等在中央公园（今北京中山公园）合影。

1

甲寅二月拍于日本東京

2

1. 1914年2月李大钊在东京时留影。

2. 1918年至1922年任北京大学图书馆主任时的李大钊教授。

3. 1923年李大钊教授为蔡和森《俄国社会革命史》一书出版事宜给胡适教授的信件手迹。

3

國立北京大學

適之：

前談和森君所編之《俄國社會革命史》一書，已由和森將所有材料求到，成一表，現在托他同原稿送交先生，可能收入世界叢書，即希示復，以便轉達和森。

守常

李大钊

1

2

1. 1925年的李大钊教授。

2. 1927年4月28日李大钊同志英勇就义，此为李大钊同志就义前的照片。

胡适

胡 适

1

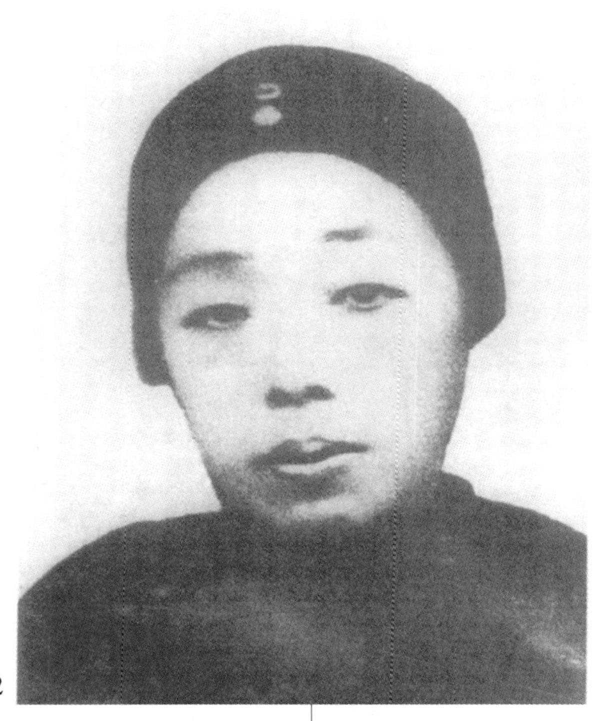

2

3

1. 1914年胡适摄于美国。

2. 胡适的母亲冯顺弟（1873–1918）。

3. 胡适教授自称此像神似母亲（1956年4月照）。

胡适（1891.12.17—1962.2.24）原名洪骍，小字嗣糜，字适之。原籍安徽绩溪，生于上海。哲学家、史学家、文学史家、作家。

4岁入私塾读书，熟读经史典籍。1910赴美国入康奈尔大学农科，后改入文学院，主修哲学，1915年入哥伦比亚大学研究院，师从于实用主义大师杜威。1917年初，在《新青年》发表《文学改良刍议》，首倡用白话取代文言，主张进行文学革新。同年7月回国，任北京大学教授，兼任哲学研究所主任、英文科教授会主任，后兼任北京大学评议会评议员、出版委员会委员。1919年受聘兼任北京女子高等师范及中国大学哲学教授。在此期间，参加编辑《新青年》，反对孔教和封建伦理道德，宣传资产阶级民主、自由，成为新文化运动的著名人物。1922年离开《新青年》，创办《努力周报》。1924年与徐志摩等人组织新月社。1926年赴英参加庚款咨询委员会会议，其间到大英博物馆和法国国家图书馆查阅敦煌卷子。1928年接任中国公学校长，兼文理学院院长。1931年任北京大学文学院院长。1932年创办《独立评论》周刊。1938年出任南京国民政府驻美大使，1942年回国，后任行政院最高政治顾问。1943年应聘为美国国会图书馆东方部名誉顾问，同时从事研究，并在美各地讲学。1946年回北平，就任北京大学校长，1948年年底离开北平。曾在北京

1

大学任教数十年，担任过中文系主任、英文系主任、文学院院长、校长等职，对北京大学感情至深。讲授过中国哲学史、西洋哲学史、中国文学史概要、唐宋思想史等课程。1949年4月移居美国，1950年应聘为美国普林斯顿大学葛斯德东方图书馆管理员，1952年改聘为该馆名誉主持人。1954年被推举为台湾史学会主席。1958年回台湾定居，任“中央研究院”院长。1962年2月24日在“中央研究院”欢迎新院士酒会上心脏病猝发去世。

胡适教授一生涉猎文学、哲学、史学等多个学科领域，进行过许多开拓性的研究，是中国现代文化的奠基人之一，伟大的学者。

胡适教授倡导白话诗，并有白话诗集《尝试集》、《尝试后集》。在中国古典小说考证研究方面用力甚多，有论文三十余篇，涉及《红楼梦》、《水浒传》、《西游记》、《三国演义》等，其中在《红楼梦》研究方面成绩最为突出，对《红楼梦》的作者、时代、版本进行深入考证，开创了“新红学”派。此外，他肯定白话文学在中国文学史上的重要地位，认为它反映了时代精神。其《中国哲学史大纲》（上）依据西方哲学的条理系统整理中国古代哲学，为中国哲学史学科的建立做出了开拓性

2

3

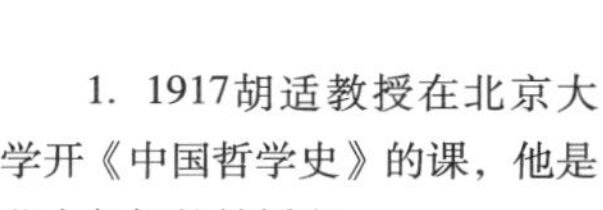

1. 1917胡适教授在北京大学开《中国哲学史》的课，他是北大年轻的教授之一。

2. 1920年3月14日胡适教授（右二）与李大钊（右一）、蔡元培（右三）、蒋梦麟（左一）在北京西山卧佛寺合影。

3. 1927年胡适教授在美国纽约。

的贡献。对墨子和墨家学派的生平、《墨子》的作者、《墨子》各篇的分类以及墨学兴衰的原因等都有新的考定和分析，并以西方哲学和逻辑学的观点方法，对《墨经》六篇的逻辑思想进行了系统的发掘和评论。对儒家的起源、老子的年代都有独到的观点。用近二十年的功夫校勘《水经注》数十个版本，理清了全祖望、赵一清、戴震三人独立探索校理《水经注》的学术过程，为其乡贤戴震洗清冤案。虽仍有许多争议，其不迷信权威，尊重证据，实事求是的治学精神受到肯定。在新禅宗史料的发掘和研究成果的影响方面，至今仍有极大价值。所主张“大胆的假设，小心的求证”以及对整理国故的提倡，对中国现代学术的发展影响很大，对以顾颉刚为代表的“古史辩”派的产生有直接的影响。

主要著作有《中国哲学史大纲》（上）、《白话文学史》、《戴东原的哲学》、《四十自述》、《胡适文存》、《胡适文集》、《胡适作品集》等；另有白话诗集《尝试集》、《尝试后集》等。

1

2

1. 1922年的胡适教授。

2. 1933年胡适教授担任北京大学文学院院长。

1

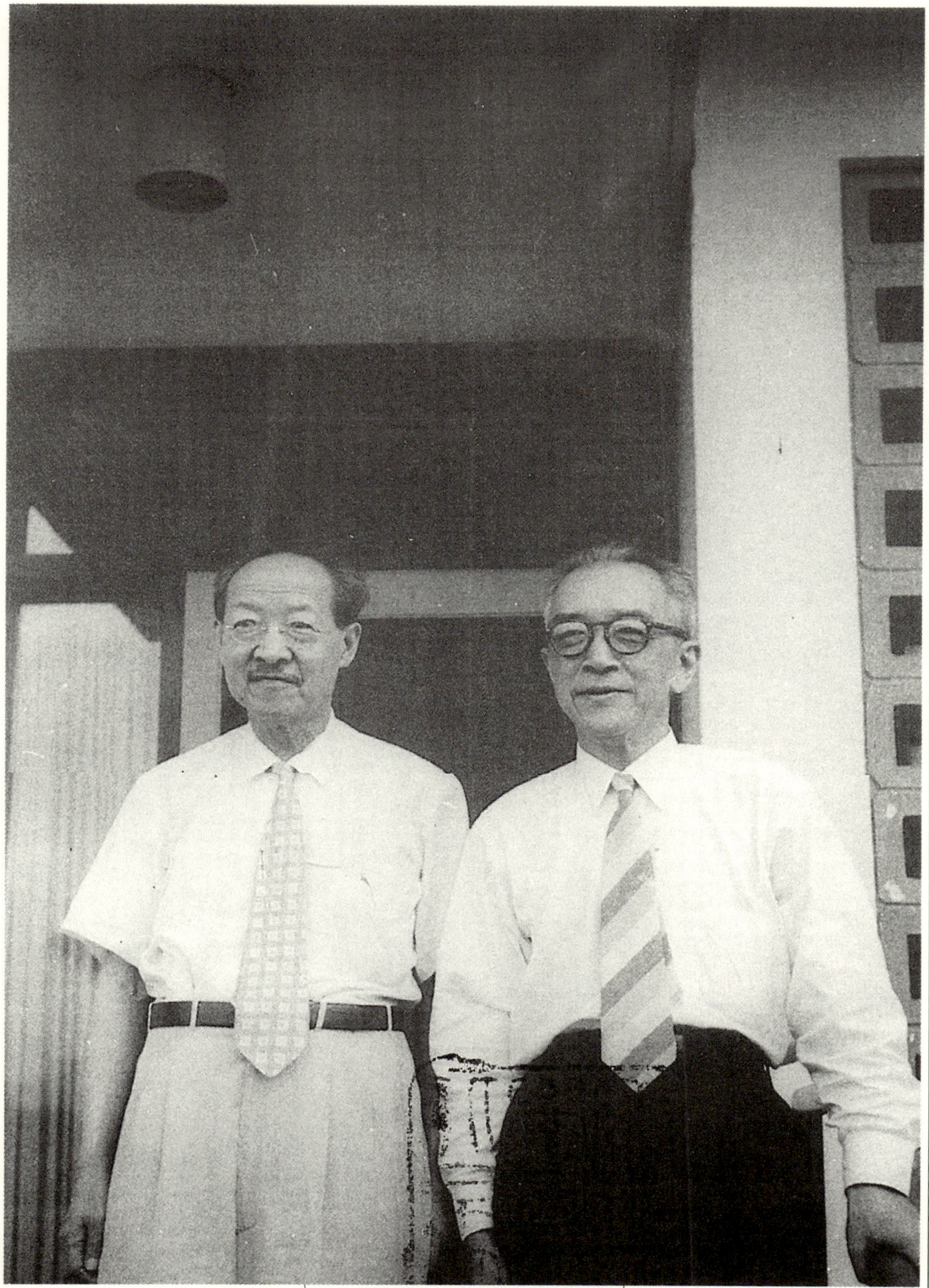

2

1. 1960年胡适教授在台中故宫博物院。

2. 胡适教授与留美学生第一人赵元任教授（左）合影。

1. 胡适教授一生获得35个名誉博士学位，此为他在接受名誉博士证书时留影。

2. 胡适教授和夫人江冬秀合影。

3. 1948年胡适教授在南京参加中央研究院评议会，在会上选出了第一届院士81人，胡适（一排右四）也被选为院士，这是第一届院士的合影，十年后他当上了台湾“中央研究院”院长。

1. 胡适教授任北京大学校长期间，在学生集会上演讲。

2. 北京大学第二院大礼堂，胡适教授在北大任教时经常在这里上课或演讲。

胡 适

1

2

3

1. 胡适教授任驻美国大使时与他的老师杜威教授（左）在一起。

2. “全家福”，胡适教授与夫人江冬秀，和两个儿子胡祖望、胡思杜。胡适教授将这帧照片赠给他的老师杜威。

3. 1960年9月69岁时的胡适教授。

1. “不畏浮云遮望眼，自缘身在最高层”，这两句王荆公的诗为胡适教授所喜读，此照片的神态显示出他是这样的自信。

2. 胡适（中）任驻美大使期间向美国总统罗斯福（左）解释中美友好万人签名簿。

2

1

胡 适

1. 胡适教授演讲时的风采。

2. 20世纪30年代，胡适教授（左二）、江冬秀（右一）夫妇与赵元任教授（左一）、杨步伟（右二）等合影。

3. 1962年2月24日胡适教授主持台湾“中央研究院”第五次会议时的留影，这也是他最后的留影。

4.1956年已65岁的胡适教授在美国纽约时留影。

汤用彤

汤用彤

汤用彤（1893.6.21–1964.5.1）字锡予。原籍湖北黄梅人，生于甘肃渭源。哲学史家、佛教史家。中国科学院哲学社会科学部委员。

1908年进入北京顺天学堂学习。1911年考入清华学堂。1916年毕业于清华学堂高等科，并考取官费留学。因治疗沙眼，未能成行，因此留校任国文教师，兼任《清华周刊》总编辑。1918年赴美国留学，先在汉姆林（Hamline）大学，主修哲学。1919年转入哈佛大学研究院，师从Lanman教授，学习梵文、巴利文，还接受了美国思想家、哈佛大学教授白璧德的新人文主义，1922年毕业于哈佛大学研究院，获硕士学位。同年回国，历任东南大学哲学系教授、系主任，并兼任支那内学院巴利文导师。1926年夏至1927年夏转任南开大学哲学系教授、系主任。后返南京，任中央大学哲学系教授、系主任。1931年到北京大学哲学系任教授，1934年起任北京大学哲学系主任。1937年抗战爆发后，任西南联大哲学系主任兼北大文科研究所所长。1946年抗战胜利后随北大复迁，任北京大学哲学系教授、系主任兼文学院院长。1947年当选为中央研究院院士、评议员，兼任中央研究院历史语言研究所北平办事处主任。同年，赴美国加利福尼亚大学讲学。1949年2月出任北京大学校务委员会主席，1951年后一直担任北京大学副校长，并曾任中国科学院历史考古专门委员，《哲学研究》、《历史研究》编委。1955年当选为中国科学院哲学社会科学部学部委员。历任第一届全国政协委员、第三届全国政协常委，第一、二、三届全国人大代表。

汤用彤教授在北大执教30多年，毕生从事中国哲学史和佛教史的研究和教学，治学严谨，善于考证，不仅为我国培养了一大批学术骨干，而且与胡适等老一辈学者一起为北京大学的学科和学风建设做出了卓越的贡献，对中国佛教史和魏晋玄学的研究作出了重要贡献，是现代中国学术史上少数几位能会通中西、接通华梵、熔铸古今的国学大师之一。

主要著作有《汉魏两晋南北朝佛教史》、《隋唐佛教史论稿》、《印度哲学史略》、《魏晋玄学论稿》、《汤用彤学术论文集》、《汤用彤全集》等。

1

2

1. 20世纪20年代，汤用彤先生在北平。

2. 1920–1922年在美国哈佛大学研究院学习时的汤用彤先生。

1

2

3

1. 1916年汤用彤先生（左）与吴宓先生在清华学堂合影。

2. 1936年汤用彤教授（后排右一）一家在北京中山公园合影。

3. 1948年初，汤用彤教授在美国加州大学伯克莱分校讲学时留影。

汤用彤

1

3

2

4

1. 1948年初，汤用彤教授在美国加州大学伯克莱分校讲学时留影。

2. 1948年初，汤用彤教授在美国加州大学伯克莱分校讲学时留影。

3. 1948年初，汤用彤教授在加州大学伯克莱分校讲学时留影。

4. 1948年汤用彤教授（左）在中央研究院历史语言研究所北京办事处与邓广铭先生之女合影。

1

1. 解放初期的汤用彤教授。

2. 1948年夏，汤用彤教授（右二）于美国加州大学伯克莱分校讲学回国后，与友人及儿子汤一介（右一）在颐和园留影。

3. 1950年汤用彤教授（前排左四）任北京大学校务委员会主席时接待苏联友人。

2

3

汤用彤

1. 1954年春，汤用彤教授（前排右二）参加中国人民慰问解放军代表团，在解放军某部签字留念。

2. 1956年“十一”期间，汤用彤教授与夫人张敬平在北大燕南园58号寓所前合影。

3. 汤用彤教授（右二）全家与亲友在北大燕南园寓所欢度1956年除夕。

1

2

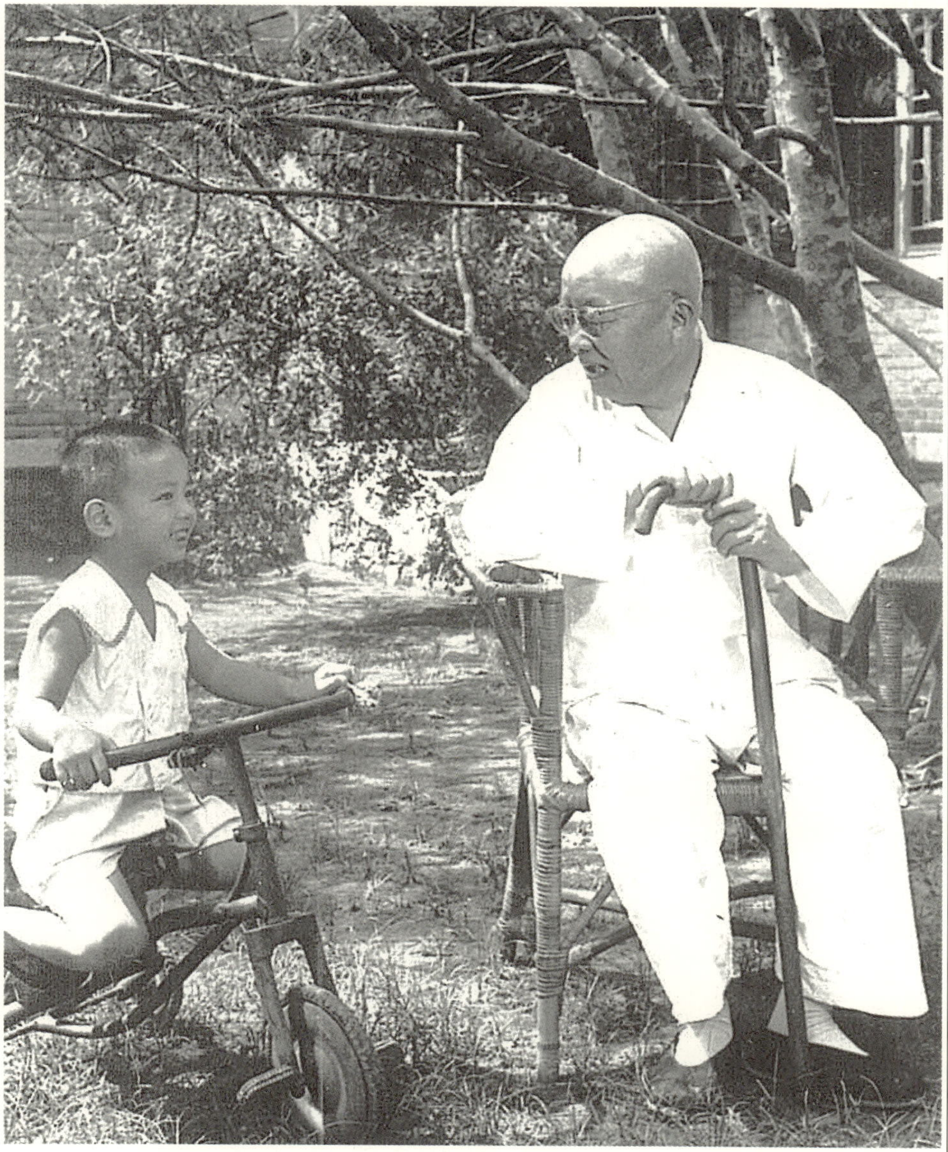

3

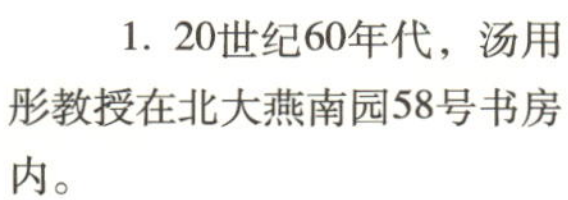

1. 20世纪60年代，汤用彤教授在北大燕南园58号书房内。

2. 1957年春，汤用彤教授（右一）为其助手讲书。

3. 1960年夏，汤用彤教授（右）与孙子在燕南园58号寓所前留影。

1

2

1. 1961年夏，汤用彤教授与夫人张敬平在香山饭店留影。

2. 1963年冬，汤用彤教授在燕南园58号寓所里怀抱孙女汤珊时留影。

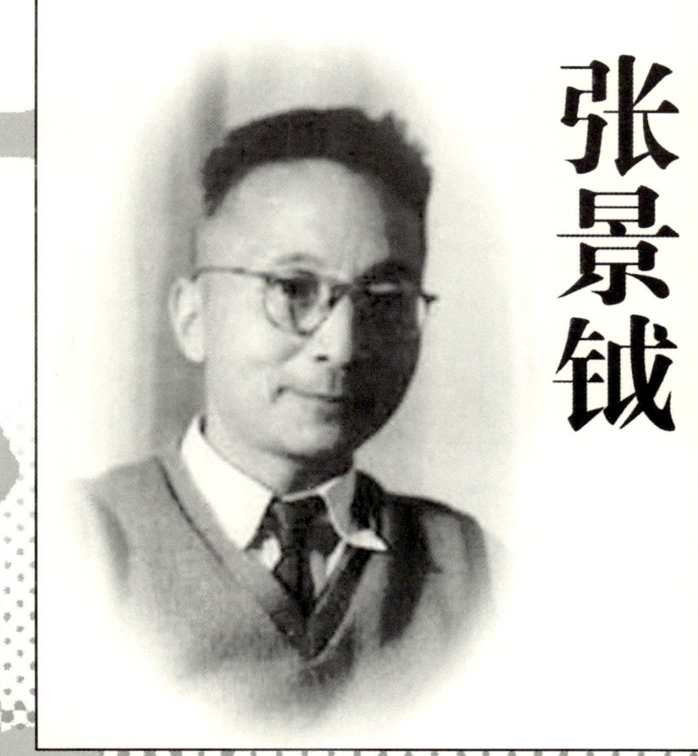

张景钺

张景钺

张景钺（1895.10.29–1975.4.24）字岘侪。祖籍江苏武进，后迁安徽省芜湖县。植物学家，是我国植物形态学的奠基人之一。中国科学院学部委员（院士）。

张景钺1916年毕业于安徽省芜湖圣雅各中学。同年考入清华学堂，1920年毕业。同年公费赴美留学，在美国德克萨斯（Texas）农工学院学习，1922年转入芝加哥大学植物系，1923年获学士学位。1923年至1925年在芝加哥大学研究生院学习，师从国际著名的形态学家张伯伦（C.J.Chamberlain）攻读研究生课程，1925年以优异成绩获科学博士学位。在学习期间被选为美国Sigma Xi科学会会员（相当于优秀青年科学家协会）。1925年加入美国植物学会，成为终身会员。1926年学成回国，在南京东南大学生物系任教授，1927年兼任生物系主任。1928年南京东南大学改名为中央大学，仍任生物系教授兼系主任。在该系6年教学工作期间，开设植物形态学、植物解剖学等多门课程，在我国最早传播植物形态学知识。1930年赴英国伦敦参加国际植物学第五届大会。同年至1932年获中国教育及文化促进基金会的研究资助赴欧洲考察研究。1930年8月至1931年7月在英国利兹（Leeds）大学普里斯特利（Pristley）教授的实验室从事被子植物韧皮部分化的研究。1931年10月至1932年6月又到瑞士巴塞尔（Basel）植物研究所薛卜（Otto Shüepp）教授的实验室进行形态发生的研究工作。在欧两年他不仅深入了解到欧洲教育制度和研究概况，而且他所在的两个实验室都是从事植物形态学前沿工作的中心，对他回国后的教学和研究工作都有深刻的影响。1932年9月回国，历任北京大学植物学教授兼生物系主任、理学院院长，中国植物学会书记，西南联大教授。抗战胜利后，经美国Fairbank先生的帮助，于1945年被邀请至加州大学进行学术交流一年，1946年冬回国，继续担任北京大学植物系主任。1949年当选为中央研究院院士。解放后，历任

1

2

1. 1920年张景钺在美国德克萨斯农工学院学习时留影。

2. 1920年张景钺在美国德克萨斯农工学院蜂场参观，前排右一为张景钺。

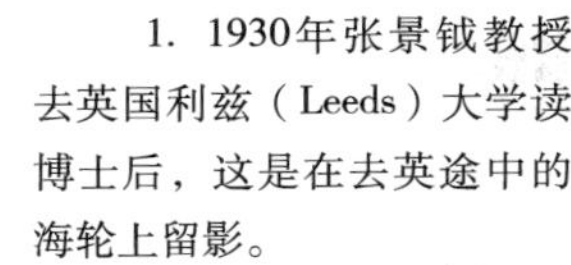

1

1. 1930年张景钺教授去英国利兹（Leeds）大学读博士后，这是在去英途中的海轮上留影。

2. 1930年张景钺教授在东南大学新建的文化基金研究室。

3. 20世纪20年代，张景钺（后排左）在美国芝加哥大学读书时与同学合影，后排右为庄前鼎。

2

3

北京大学教务长、生物系教授兼系主任，中国科学院学部委员，中国植物学会副理事长，《植物学报》主编等职。

张景钺教授是我国最早从事现代植物形态学、植物解剖学研究的学者，为发展祖国的教育和科技事业孜孜不倦、勤勤恳恳地工作，为我国植物学，尤其是植物形态解剖学的建立和发展作出了重要贡献。张景钺教授为人正直，治学严谨，为中国植物学方面培养了不少人才，

张景钺

如中国著名的植物形态学家、古植物学家、植物胚胎学家、植物解剖学家严楚江、徐仁、王伏雄、李正理等都是他的学生。他团结全国的植物学工作者，为发展我国的植物科学贡献了毕生的精力。他竭尽全力建设北大生物系，为把北大生物系建成全国第一流的系作出了光辉的业绩。他不仅是一位学识渊博的科学家，也是一位卓著的教育家，被奉为中国植物形态科学的一代宗师。主要论著有《蕨地下茎组织的来源及分化》、《张景钺文集》，译作有《植物解剖学》、《植物系统学》等。

1

2

1. 1930年秋，张景钺教授在英国利兹（Leeds）大学读博士后时留影。

2. 1931年张景钺教授在瑞士巴塞尔（Basel）大学学习时留影。

3. 1931年张景钺教授（右）在瑞士巴塞尔（Basel）大学学习时与导师薛卜（Otto ShuePP）教授合影。

1

2

3

1. 1936年冬，张景钺教授（右一）与前来北大任教授的美国哈佛大学奥斯古教授（右二）及北大的江泽涵教授（左一）、樊际昌教授等合影。

2. 1931年张景钺教授在瑞士阿尔卑斯山留影。

3. 1934年秋，张景钺教授与夫人崔之兰合影。

张景钺

1

2

1. 1938年的张景钺教授。

2. 20世纪30年代的张景钺教授。

1946年张景钺教授（右）在美国西部大红木树林与友人合影。

张景钺

1

2

3

1. 1940年张景钺教授与夫人崔之兰、子张企明合影。

2. 1945年秋，张景钺教授去美国前与西南联大生物系同仁合影。从左至右：沈同、娄成后、张景钺、陈祯、刘崇乐、沈嘉瑞。

3. 1945年秋，张景钺教授（右）去美国途经印度，在勒克洛大学拜访教授沙尼夫人（中）。

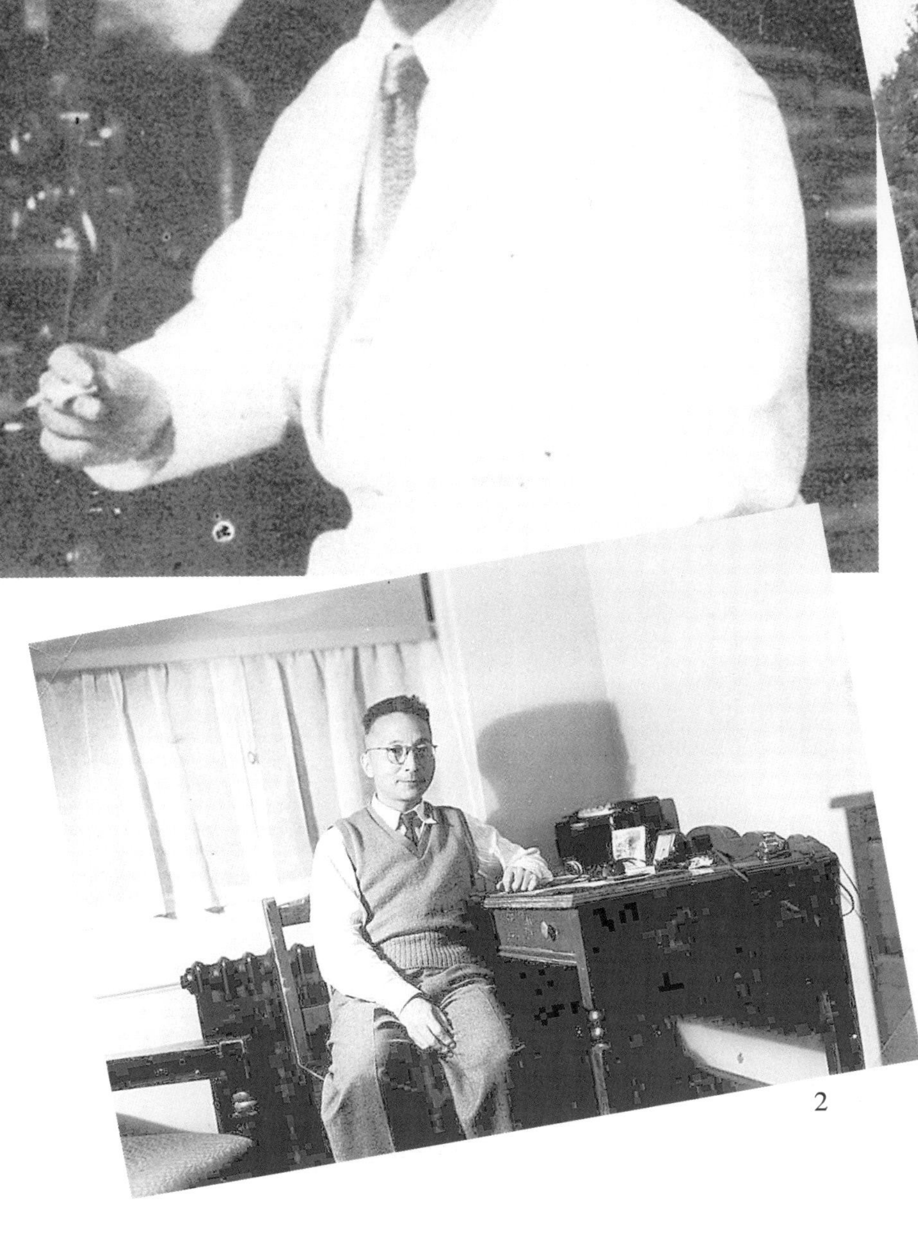

1

2

3

1. 1946年在美国加州大学伯克莱分校讲学时的张景钺教授留影。

2. 1946年张景钺教授在美国加州大学植物学系实验室。

3. 1946年张景钺教授在美国美国加州大学伯克莱分校钟塔下留影。

张景钺

1. 1957年张景钺教授（左）与李继侗教授在颐和园合影。

2. 1958年的张景钺教授。

风采

冯友兰

冯友兰

冯友兰（1895.12.4—1990.11.26）字芝生。河南唐河人。哲学家、哲学史家、教育家。中国科学院哲学社会科学部学部委员、常务委员。

幼年入读私塾，1912年入上海中国公学大学预科班。1915年考入北京大学文科中国哲学门，1918年毕业。1919年底赴美。1920年入哥伦比亚大学研究院学习西方哲学，1922年毕业，获哲学博士学位。1923年回国，任中州大学哲学系教授兼文科主任。1925年，任广州中山大学哲学系教授兼系主任、文科主任。1926年，任燕京大学哲学系教授兼燕京研究所导师。1928年，任清华大学哲学系教授兼校秘书长，同时在北京大学、燕京大学兼课。1929年任清华大学哲学系主任，1931年任清华大学文学院院长。1937年，抗战全面爆发后，随校迁至长沙，任长沙临时大学教授兼哲学心理教育学系教授会主席。1938年至昆明，任西南联合大学教授，兼文学院院长。1946年赴美，任宾夕法尼亚大学客座教授，讲授中国哲学史，并与卜德英译所著《中国哲学史》。1947年，任夏威夷大学客座教授，讲授中国哲学史。1948年回国，任清华大学哲学系主任、文学院院长、校务会议临时主席，同年当选为中央研究院院士。1949年北平解放后，任清华大学校务委员会委员，文学院院长。1952年全国高等学校院系调整到北京大学任哲学系教授、中国哲学史教研室主任。1955年当选为中国科学院哲学社会科学部学部委员、常务委员，兼任中国科学院哲学研究所研究员、中国哲学史组组长。曾任全国政协委员，全

国人大代表，民盟中央委员等职。还先后获得美国普林斯屯大学、印度德里大学、美国哥伦比亚大学名誉博士学位。

冯友兰一生著述甚丰，中、英文著作近500万言。他自觉地运用了西方近现代哲学所取得的成就对中国传统哲学进行发掘和阐述，在传统的基础上创建了新体系，推动中国哲学从传统进入现代，并面向世界，开创了中国传统哲学现代化的新局面，为中国当代哲学的发展增添了新的篇章，在国内外享有盛誉，成为一代哲学宗师。

冯友兰曾以“三史（《中国哲学史》、《中国哲学简史》、《中国哲学史新编》）释今古，六书（《新理学》、《新事论》、《新世训》、《新原人》、《新原道》、《新知言》）纪贞元”，总结了一生的学术成就。20世纪30年代所著《中国哲学史》两卷本，把中国哲学分为“子学时代”和“经学时代”，把握了中国哲学发展的主流和脉络，“取材谨严，持论精确”，确立了在中国哲学史研究中的主要奠

1. 1921年北大留美校友与赴美考察的蔡元培先生合影。二排右一为冯友兰，前排左五为蔡元培、右二为罗家伦。

2. 冯友兰（后排左一）与中国公学的同学合影。

3. 青年时期的冯友兰

4. 美国哥伦比亚大学研究院教授、冯友兰的导师杜威。

2

3

1

4

冯友兰

1

2

3

4

1. 20世纪50年代的冯友兰教授在书房看书。

2. 冯友兰教授手书的三松堂匾额。

3. 1951年印度德里大学授予冯友兰教授名誉文学博士学位，印度总统兼德里大学校长普拉沙德向他授学位证书。

4. 燕南园57号三松堂庭院大门，冯友兰教授1957年至1990年居住此处。

1

2

1. 1959年10月为庆祝国庆十周年冯友兰教授与夫人合影。

2. 1963年11月中国科学院哲学社会科学部委员扩大会议期间毛泽东接见与会者。图为毛泽东与冯友兰教授（左一）亲切交谈，右后为当时文化部长周扬。

冯友兰

1

2

1. 20世纪60年代冯友兰教授在书房中。

2. 20世纪70年代中期冯友兰夫妇（右一、右二）和中科院副院长吴有训夫妇合影。

1

2

3

1. 1982年9月10日下午4时半，在哥伦比亚大学纪念图书馆圆形大厅冯友兰教授接受该校校长授予名誉文学博士学位，冯友兰教授（前排中）由女儿宗璞（左一）等陪同步入会场。

2. 20世纪80年代后期冯友兰教授与北京大学哲学系教授张岱年（右）合影。

3. 1985年冯友兰教授在90寿辰庆祝会上致谢词，并向来宾汇报《中国哲学史新编》的写作情况，右为北大副校长张学书。

冯友兰

1

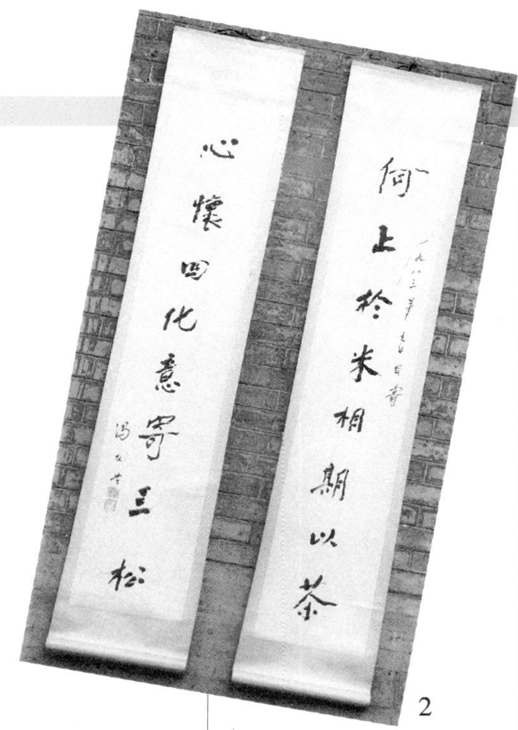

2

1. 1982年冯友兰教授在美国与《中国哲学史》两卷本的英译者卜德先生（右）重逢。

2. 1983年12月4日是冯友兰教授的88岁生日，这是他手书自寿联（“米寿”88岁，“茶寿”108岁）。

3. 1990年12月3日“纪念冯友兰教授九十五寿辰展”在北大图书馆“北京大学文库”开幕，图为冯友兰之子钟辽（右）、之女宗璞在展览会留影。

3

风采

陈翰笙

陈翰笙

陈翰笙（1897.2.5—2004.3.13）原名陈枢，西文笔名Chen Han-sheng、C.H.S.、chs等。江苏无锡人。社会科学家和社会活动家。中国科学院哲学社会科学部学部委员（院士）。

7岁入东林小学（原东林书院）。1909年考入长沙明德中学。1912年入长沙教会学校雅礼学校读高中。1915年为实现“科学救国”的理想，赴美国勤工俭学，1916年考入洛杉矶波莫纳大学，先学植物学，后因视力原因，改学历史，1920年毕业。毕业后到芝加哥大学研究院任助教，一边工作，一边学习，1921年获芝加哥大学研究院历史学硕士学位。1922年入哈佛大学研究院攻读欧洲史。同年入德国柏林大学东欧史地研究所任研究员，一边工作，一边学习，1924年获得柏林大学博士学位。同年回国，被蔡元培校长聘为北京大学史学系和法学系教授，讲授欧美通史、欧美史学史和美国宪法史等课程。1925年经李大钊同志介绍加入国民党，担任北方局的宣传、联络工作。1926年参加了“三·一八”反帝大示威，他接受了马克思主义思想，并参加了共产国际的工作，

1919年5月陈翰笙（后排右二）在美国波莫纳大学与同学合影。

为共产国际创办的《国际新闻通讯》撰稿，及时报道中国革命动态，宣传中国革命。1927年受中国共产党委派去莫斯科，在共产国际创办的国际农村经济问题研究所任研究员，并开始关注中国的农民问题。1928年回国，在商务印书馆工作。1929年应蔡元培之邀，任中央研究院社会科学研究所社会学组主任。在此期间，曾与王寅生、钱俊瑞、薛暮桥、孙冶方等一起到农村进行调查，通过对大量调查材料进行分析，论证了中国农村经济的半殖民地、半封建的性质和特点，中国社会是一个半封建、半殖民地社会的科学结论。并与他们一起发起成立了“中国农村经济研究会”，被推举为第一届理事会主席，并创办《中国农村》月刊。1932年陈翰笙同志参与宋庆龄、蔡元培等人组织的“中国民权保障同盟”的活动，多方营救被捕的革命同志和爱国人士，同国民党反动派进行针锋相对的斗争。因该院总干事杨杏佛被暗杀而辞去中央研究院工作。1934年为躲避国民党特务追捕到日本东京，任中山文教馆派驻日本通讯研究员。1935年再赴莫斯科，任东方共产主义劳动大学特约研究员，年底转入中国共产党。1936年在纽约任太平洋关系学会国际部研究员、《太平洋事务》季刊编辑，同时为党创办的《华侨日报》工作，宣传党的主张，号召爱国侨胞抗日，争取美国政府支持中国的抗日战争。1939年赴港协助宋庆龄，发起成立“中国工业合作国际委员会”，开展“工业合作运动”，任秘书长，并负责保卫中国大同盟工作。还创办英文版《远东通讯》半月刊并任主编。在此期间，他作为宋庆龄倡导的“工合”运动和“保卫中国大同盟”的积极参加者，向同情、支持抗日的海外朋友与华侨募捐，支援八路军和新四军的抗日斗争，并结识了史沫特莱、路易·艾黎等一批国际友人，与他们团结共事，为中国革命赢得海外进步人士的支持作出了重要贡献。1942年他转赴广西，在广西桂林师范学院西文系任教授、系主任，并受“工业合作运动国际委员会”委托，在桂林办了工业合作研究所，在此期间积极营救被国民党反动派逮捕的革命同志。1944年春，为躲避国民党缉捕而前往印度，在新德里大学做评卷员兼任英国情报部在新德里设立的远东情报局译员。1946年赴美，任华盛顿州立大学特聘教授。1947年任约翰·霍普金斯大学国际问题研究所研究员。新中国成立后，他机智地冲破美国当局的阻挠，1950年冬毅然回国，参加由周恩来总理主持的外交战线工作，被聘为外交部顾问兼任外交学会副会长，创办英文版《中国建设》双月刊并任编委会副主任。1953年当选为国际贸易促进会委员，并出任中印友好协会副会长。20世纪50年代，他随宋庆龄副委员长访问印度、巴基斯坦、缅甸等国，还访问了苏联、芬兰、瑞典和东欧等国，对增进我国与其他国家人民之间的友好团结作出了贡献。1955年当选为中国科学院哲学社会科学部委员。1958年任外交部国际关系研究所副所长。1962年至1964年，任中国社会科学院世界史组主任。曾任中国亚洲团结委员会副秘书长，中亚文化研究会常务理事长，中国社会科

1924—1927年在北京大学任教的陈翰笙教授。

陈翰笙

20世纪20年代，陈翰笙（三排左一）在波莫纳大学与同班同学合影。

学院顾问、世界历史研究所名誉所长，北京大学兼职教授，商务印书馆外国历史小丛书编委会主任，中亚文化研究会常务理事长，世界经济学会顾问，中国经济团体联合会顾问，中国太平洋学会副会长，华侨历史学会副会长，《中国大百科全书》总编委会副主任及本书的外国历史部编委会主任，外交学院名誉教授，中国国际文化书院院长、顾问等职。他还是第一、二、三届全国人大代表，第二、五届全国政协委员。

陈翰笙教授既是一位杰出的社会活动家，又是一位德高望重的学者，他学术渊博，涉及社会科学诸多领域，主要研究领域涉及历史学、经济学、政治学、社会学、法学和国际关系等多种学科。

在经济学方面，以研究农村经济问题为主，善于将学术研究和社会现实相结合，20世纪30年代与相关人员合作进行中国土地革命的调查研究，50—60年代致力于中国社会主义改造的研究和宣传。

在世界史方面，主要著述有博士论文《1911年瓜分阿尔巴尼亚的伦敦使节会议》（德文），著作有《国际新局面》、《印度莫卧儿王朝》、《五十年来的印度史学界》等。曾任《中国大百科全书》外国历史卷编委会主任和《外国历史小丛书》编委会主任。

在社会学方面，注意克服仅注重社会生产、为社会改良而进行调查的弊端，积极运用生产力和生产关系学说剖析中国农村社会，通过组织对长江、黄河和珠江三大流域农村社会大量的社会调查研究，论证了20世纪20—30年代的中国是半封建半殖民地社会，成为社会学经验研究和理论概括紧密结合的一个范例，培养了一批从事农村社会学、经济学研究的专业人才。

1

主要论著有《人类的故事》、《国际新局面》、《封建社会农村的生产关系》、《五口通商与茶叶贸易》、《东北的难民与土地问题》、《中国当前的土地问题》（英文版）、《中国的地主和农民》（英文版）、《中国农民》（英文版）、《西双版纳的土地制度》（英文版）、《工业资本与中国农民》（英文版）、（日文版）、《美国垄断资本》、《广东农村生产关系和生产力》、《印度和巴基斯坦经济区域》、《美国垄断资本》、《中国农民》（英文版）、《四个时代的我》、《陈翰笙文集》（中文版、英文版）等，主编有《华工出国史料汇编》等。

1. 20世纪20年代的陈翰笙夫妇（后排左一、二）与在美国的中国留学生合影。

2. 1921年陈翰笙夫妇摄于美国加利福尼亚州的卜克莱。

3. 著名国际友人史沫特莱，1935年曾掩护陈翰笙教授从上海出逃苏联。

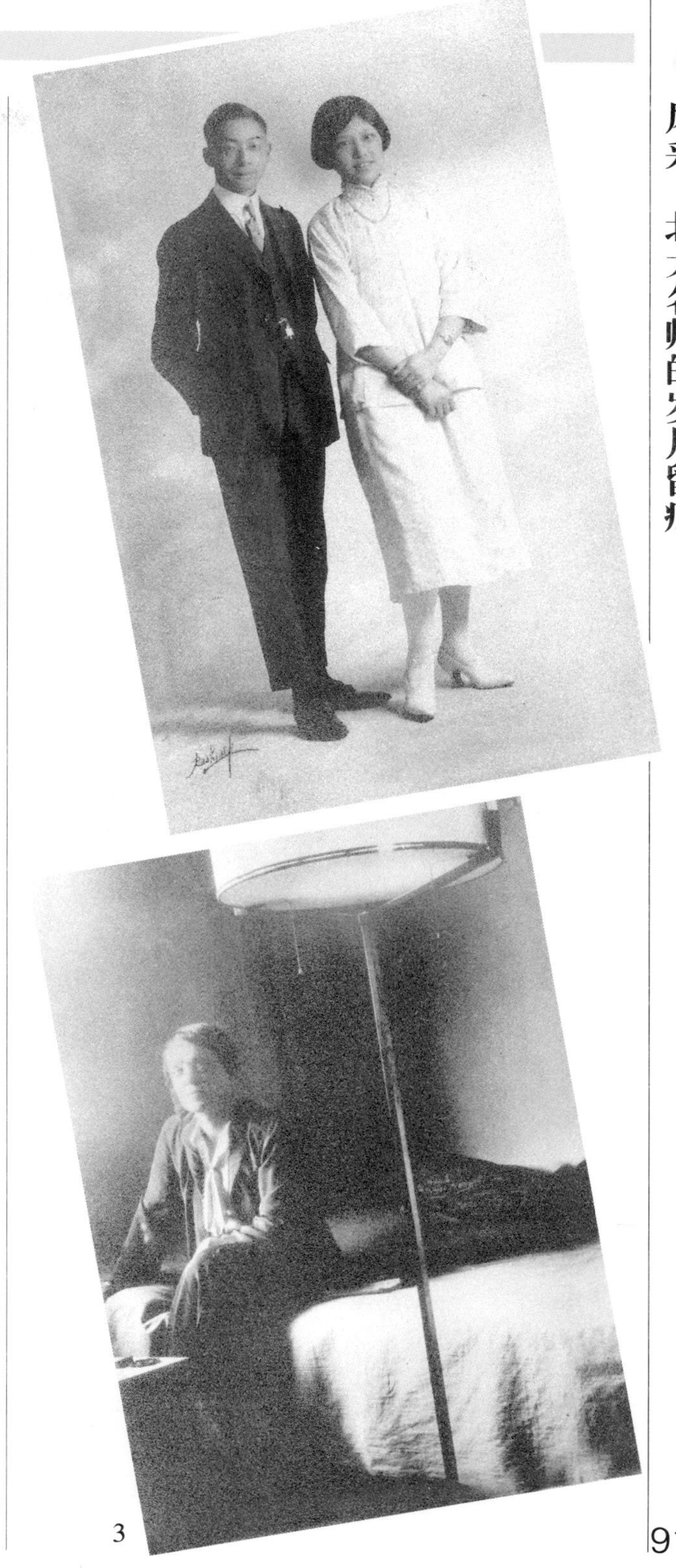

3

陈翰笙

1

1. 20世纪50年代陈翰笙教授（后排右二）陪同宋庆龄副主席（前排右一）接见外宾。

2. 20世纪50年代的陈翰笙教授。

3. 20世纪50年代末，陈翰笙与老朋友曾任过农业部长的吴觉农（右）在农村搞调查。

2

3

1　2　3

1. 1957年12月3日为援华大夫爱德华博士举行追悼会。左起：周恩来、陈翰笙、印度来宾、宋庆龄副主席。

2. 20世纪60年代，陈翰笙教授与他在北京大学历史系带的研究生俞沅（右）、陈淑琴（左）在一起。

3. 1984年12月翰老与20世纪40年代的挚友薛葆鼎（左）在一起。

陈翰笙

1

1. 1985年在庆祝陈翰笙教授从事学术活动六十周年时，会后翰老（中）与原北大法学院院长、外交部顾问钱端升（右）、陈公蕙夫妇合影。

2. 1985年胡绳教授（左）祝贺陈翰笙教授（右）从事学术活动六十周年。中间者为陈翰笙教授的外甥女童瑜琼。

3. 1988年10月陈翰笙教授与到北京来的东德朋友老共产党员露丝维尔（右）在一起。

2

1

1. 1979年陈翰笙教授出席中国南亚学会成立，与季羡林教授（右）合影。

2. 1987年9月陈翰笙教授（右二）、马海德（右四）、和韩素音（右三）向路易·艾黎（左三）祝贺生日。

2

陈翰笙

1. 1986年8月翰老（右二）与国家计委投资研究所研究员薛葆鼎夫妇（左二、右一）、20世纪20年代的学生陈洪进（左三）在一起。

2. 1985年翰老与北大著名学者赵宝熙教授（左）在一起。

3. 1985年翰老与美国历史学家斯加勒匹诺（左）在一起。

1

2

1. 翰老与外甥女童瑜琼在一起。

2. 在中国国际文化书院成立大会上，翰老（左）与著名国际友人爱泼斯坦（右）合影。

陈翰笙

1

2

1. 百岁老人陈翰笙教授。

2. 1992年翰老（右三）与著名社会科学家龚育之（右一）等亲属在一起。

曹靖华

曹靖华

曹靖华（1897.8.11—1987.9.8）原名曹联亚，笔名靖华、亚丹，化名汝珍。河南卢氏人。苏联文学研究和翻译家、散文家。

曹靖华童年在家乡从父读书，1913年考入卢氏县城高等小学，1916年毕业，后考入开封河南省立第二中学。1919年“五四”运动爆发，受到《新青年》、《新潮》、《民国日报》副刊《觉悟》等刊物的影响投入到反帝、反封建的行列，与几位同学成立了“青年学会”，出版会刊——《青年》半月刊，宣传新文化、新思想。1920年加入了社会主义青年团，5月出席全国学联第二次学生代表大会。同年中学毕业。1921年赴莫斯科东方劳动者共产主义大学“中国班”学习，1922年回国。同年在北京大学俄语系旁听，继续学习俄语，并旁听鲁迅先生《中国小说史》课程，结识鲁迅先生。1923开始练习翻译，并结识了瞿秋白，先后翻译了契诃夫的《蠢货》、《三姐妹》等并发表，此时加入了文学研究会。1924年底到开封，参加大革命。1925年加入进步文学团体“未名社”，与鲁迅同为六成员之一。1926年赴广州参加北伐，任国民革命军第一军苏联顾问团军事总顾问加伦将军的翻译。1927年大革命失败后，受到国民党政府通缉，再度赴苏联。先在莫斯科中山大学当翻译，并在东方大学任教。1928年暑假，到列宁格勒东方语言学院任教，主要讲授中国五四以来的新文学，特别是以鲁迅为代表的新文学。1933年回国，任北平大学女子文理学院教授，参加“北方左联”，随后又在中国大学、东北大学、中法大学、民国大学等校兼课。1936年参与筹建“北平作家协会”，任第一届执委。1937年抗战全面爆发后，辗转至西安，在由平大、师大、天津工学院迁往西安联合成立的西北临时大学任教授。1938年当选为中华全国文艺界抗敌协会理事会理事。1939年初到重庆，先后任中苏文化协会常务理事、《中苏文化》月刊的常务编委，主编《苏联文艺丛书》。抗战期间，任“鲁迅先生纪念委员会”委员。1946年随中苏文化协会迁至南京，被选为全国作家协会理事。1948年只身北上，任清华大学教授。1949年作为新中国第一个出国代表团成员参加巴黎—布拉格保卫世界和平大会，同年当选为中国文联第一届全国委员会委员，10月1日新中国成立，被任命为文化部编审委员会副主任委员，河南省人民政府委员。1950年初，调入北京大学任教授，后北大成立俄罗斯语言文学系，任俄语系教授、系主任，先后兼任全国文联委员，中国作家协会书记处书记，中国翻译协会名誉理事，中国外国文学学会及苏联文学研究会名誉会长，鲁迅博物馆顾问，中国保卫世界和平大会工作委员会委员，中苏友好协会顾问，全国人大代表，全国政协委员等职。1956年加入中国共产党。1987年5月14日列宁格勒大学授予他名誉博士学位，8月8日苏联最高苏维埃主席团授予他各族人民友谊勋章。

曹靖华教授是五四以来我国翻译介绍苏联文学的先驱者，是鲁迅和瞿秋白的挚友，德高望重，为我国苏联文学翻译界的泰斗。

译著有《铁流》、《三姐妹》、《保卫察里津》、《我是劳动人民的儿子》、《虹》、《死敌》等，散文集有《春城飞花》、《飞花集》等，另有《曹靖华散文选》、《曹靖华译著文集》等。

1

2

3

1. 曹靖华1928年起任教多年的列宁格勒大学。

2. 1920-1921年曹靖华就读的位于上海霞飞路的外国语学社旧址。

3. 1931年曹靖华一家在列宁格勒时合影。

曹靖华

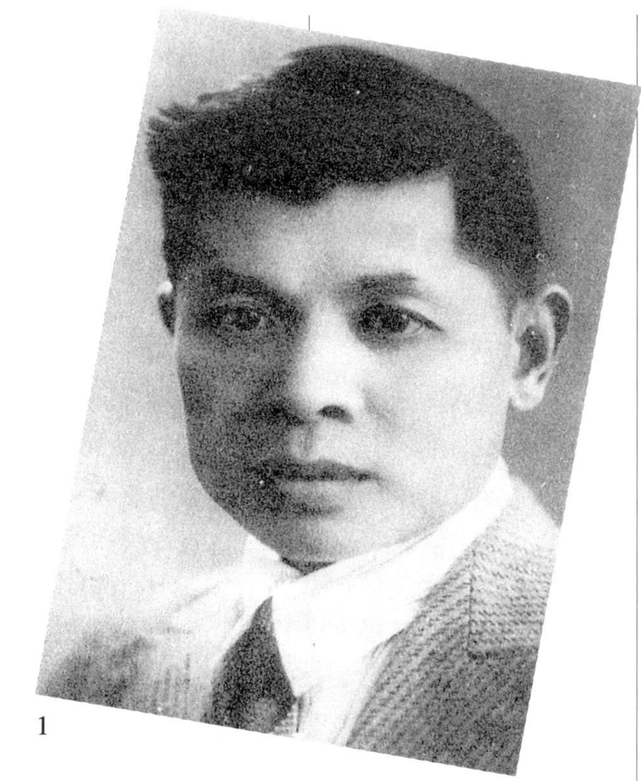

1

豫兄：

九月七日信收到。[illegible]

[illegible]

稿费也同时收到。[illegible]

[illegible]

敬请

秋安！

[illegible]

九月十一日。

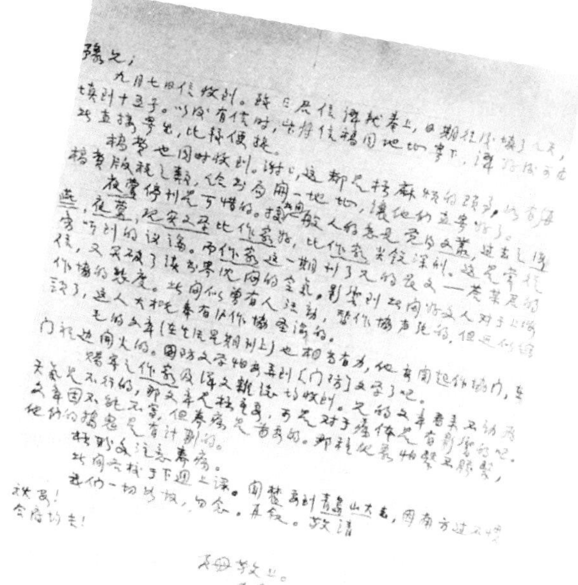

2

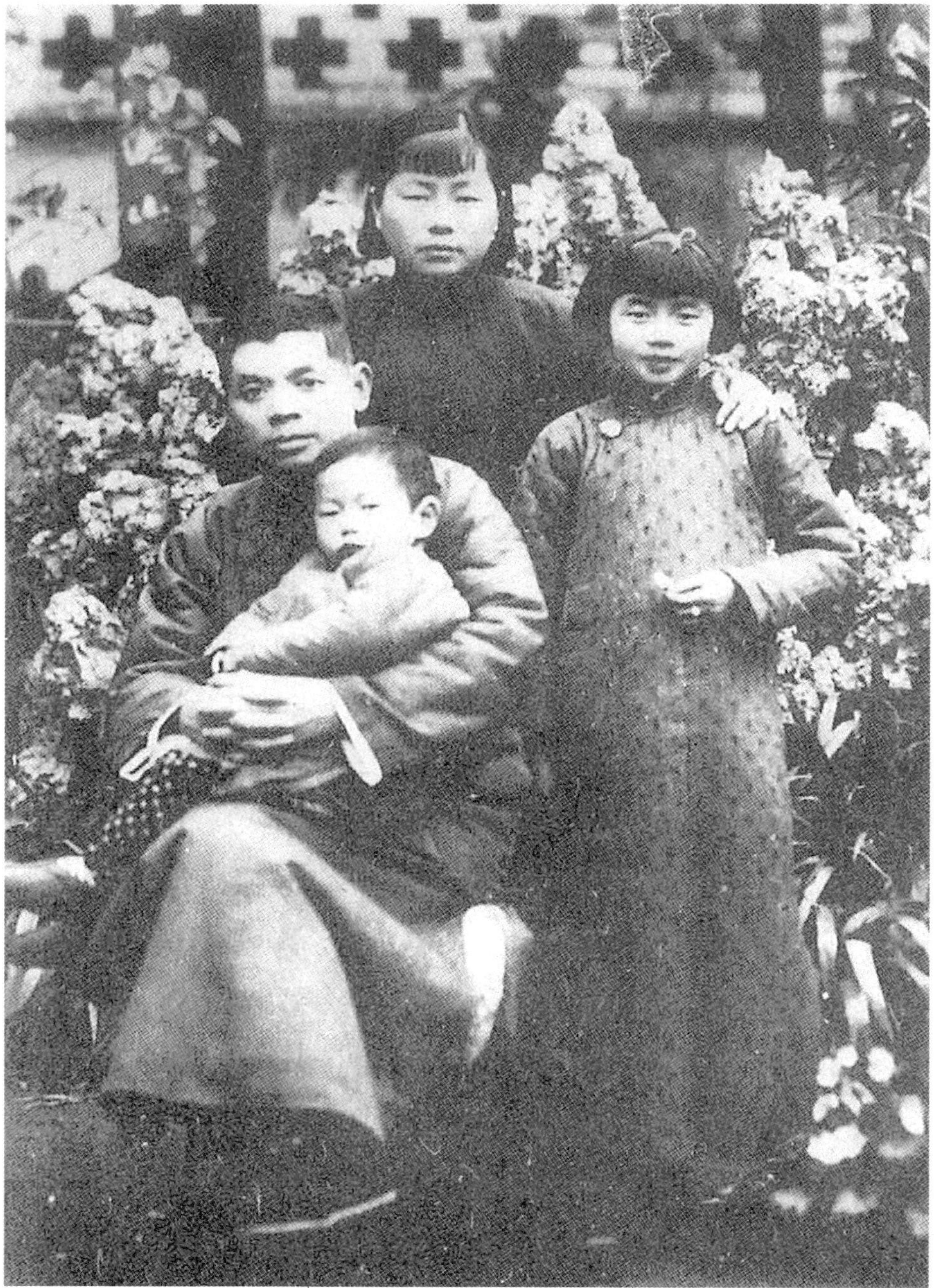

3

1. 1934年曹靖华教授在北平。

2. 1936年9月11日曹靖华教授致鲁迅的信。

3. 1941年曹靖华教授一家在重庆。

1

1. 1949年4月曹靖华教授（前左）与出席保卫世界和平大会的中国代表团代表在布拉格。

2. 1949年5月曹靖华教授在莫斯科。

3. 1944年曹靖华教授与戈宝权（左）、罗果夫（中）在重庆塔斯社门前合影留念。

4. 1950年曹靖华教授与范文澜（右）合影。

3

4

2

曹靖华

1. 1956年曹靖华教授在法宪胡同寓所的书房看书。

2. 1959年6月曹靖华教授与苏联作家康·费定（左）在书房里交谈。

3. 半个世纪的患难之交，1975年10月曹靖华教授与李何林（左）、王冶秋（中）合影。

1

2

3

1. 20世纪70年代，曹靖华教授重回70年前跟随父亲读书的朱阳关义学（今朱阳关小学）。

2. 1976年9月曹靖华教授（右二）随中国作家代表团访问罗马尼亚。

3. 1980年11月曹靖华教授出席外国文学学会第一届年会。自左至右：冯至、戈宝权、曹靖华。

1981年夏，曹靖华教授重返故乡——河南省卢氏县五里川路沟口，在诞生地屋前留影。

1

1. 1981年夏，曹靖华教授重回62年前“五四”运动期间曾在这里参加检查日货的开封宋门处留影，如今此处已被拆除，只剩两段城墙。

2. 1987年4月，臧克家（右）看望曹靖华教授时合影。

2

曹靖华

1980年11月曹靖华教授在成都金牛宾馆。

风采

朱光潜

朱光潜（1897.10.14–1986.3.6）字孟实，笔名孟实、孟石、石等。安徽桐城人。美学家、文艺理论家和教育家。中国科学院哲学社会科学部委员。

朱光潜出身书香世家，幼承庭训，熟读经书。6岁入父亲所办私塾，接受传统经典教育。1912年入孔城高等小学堂，半年后升入初中。1913年入桐城中学，开始接受古文训练。1917年桐城中学毕业，任桐城大关北峡小学教师半年。1917年考入国立武昌高等师范学校国文系。1918年考入香港大学，入预科。1919年入香港大学教育系，主修教育学、心理学、英国语言文学等课程。1923年香港大学毕业，获文学学士学位。同年任上海中国公学中学部英文教员兼校刊《旬刊》主编，同时在上海大学兼任逻辑学讲师。1924年转至浙江上虞春晖中学教英文。1925年到上海，与夏丏尊、章锡琛、丰子恺等人创建立达学园，并筹办开明书店和《一般》杂志（后改名《中学生》）。同年考取安徽官费留英名额，9月赴英国，入爱丁堡大学文学院，修英国文学、哲学、心理学、欧洲古代史等课程。1928年获爱丁堡大学文学硕士学位。1929年转伦敦大学旁听，同时在巴黎大学注册，主修艺术心理学。同年由开明书店出版第一部著作《给青年的十二封信》而闻名全国。1931年转斯特拉斯堡大学，1933年获文学博士学位。同年7月回国，任北京大学西语系教授，讲授西方名著选读、西方文学批评史和文艺心理学。1934年，在清华大学、中央艺术学院、北平大学兼课。1936年出版《文艺心理学》，这是中国人自己撰写的第一部具有现代科学形态和独特体系的美学专著，也是比较系统地介绍和阐述文艺心理学的专门著作，是“五四”

新文化运动以来的重要文献之一，在这一领域具有开拓性的意义。1937年，主编《文学杂志》。同年抗战全面爆发，赴成都，任四川大学文学院院长，兼外文系教授。1938年年底转任四川乐山武汉大学外文系教授，1941年任教务长。1946年返北平，任北京大学西语系教授兼主任，讲授外国文学，后转哲学系讲美学。1947年8月，代理北京大学文学院院长，并与沈从文、杨振声等人复刊《文学杂志》，仍任主编；同年参加中国民主同盟，任中央委员；发起“西方语文学会”，任主席；参加“独立时论社”。1948年，当选为北平研究院院士，任《民国日报》文艺副刊主编。新中国成立后，一直任北京大学西语系一级教授，当选为中国科学院哲学社会科学部委员。1960年，北京大学哲学系成立美学教研室，由西语系借调哲学系，讲授西方美学，开始系统整理西方美学史。1963年当选为全国文学艺术界联合会理事。1964年出版《西方美学史》为中国第一部系统的西方美学史专著，开拓了我国美学研究的新领域，具有开创性的学术价值，代表了中国研究西方美学思想的水平。对黑格尔《美学》的翻译，也为他赢得了崇高声誉。1980年，当选为中华全国美学学会第一任会长，后任名誉会长。1986年3月6日逝世。曾任中国作家协会理事、顾问，中国外国文学学会常务理事、顾问，中国社会科学院外国文学研究所研究员，国务院学位委员会（哲学）学科评论组组员，全国政协委员、常务委员等职。

朱光潜教授对中西文化都有很深的造诣，融贯中西，创立了自己的美学理论，在我国文学史和美学发展史上占有重要地位，是我国现代美学的开拓者和奠基者之一。早年美学思想受尼采的

20世纪20年代，朱光潜在欧洲留学时留影。

朱光潜

影响，以审美的解释代替道德的解释，同时将康德、克罗齐的形式主义美学、英国经验主义美学以及黑格尔等人的美学贯通在一起，构建其美学理论体系。认为在美感经验中，心所以接物者只是直觉，物所以呈现于心者只是形象。美感的态度只是聚精会神地对一个孤立绝缘的意象的观赏。美感经验是知觉的活动，主张直觉与表现同一，艺术是“形相的直觉”，是“意象与情趣的结合”。文艺理论方面，强调文艺的功用在于“帮助人们摆脱实在的世界的缰锁，跳出到可能的世界中去避风息凉”。在文艺的起源上倾向于“游戏说”，强调文艺和游戏一样是一种“自由的活动”。20世纪50至60年代，开始努力用马克思主义观点探讨美学问题，实现了由“观照者”到“实践者”的转变。认为自然美是一种雏形的起始阶段的艺术美，是自然性与社会性的统一，客观与主观的统一。艺术美是在这个基础上继续酝酿发展的结果。美不是孤立物的静止面的一种属性，而是人在生活实践过程中既改变世界又改变自己的一种结果，是人对世界的一种关系。70年代末到80年代，美学思想又有新的变化，认为美是一种价值，价值是对人而言的，研究美不能离开人。

一生有700多万字的论著和译著，主要著作有《文艺心理学》、《谈美》、《诗论》、《悲剧心理学》、《变态心理学》、《西方美学史》、《给青年的十二封信》、《谈美书简》、《谈文学》、《克罗齐哲学述评》等；主要译著有克罗齐的《美学原理》、柏拉图的《文艺对话集》、莱辛的《拉奥孔》、黑格尔的《美学》、维科的《新科学》、爱克曼的《歌德谈话录》等。有《朱光潜美学文集》、《朱光潜全集》。

1927年朱光潜先生在巴黎。

1. 1930年前后，朱光潜（前排立者右五）在英国留学时与师友们合影。

2. 1933年朱光潜教授与夫人奚金吾合影于伦敦。

1

2

1. 20世纪70年代，朱光潜教授（前排右）与冯至教授（前排左）等合影。

2. 20世纪40年代，朱光潜教授（前排右二）与北大教授们合影。

1　　2

3

1. 1983年朱光潜教授在香港中文大学新亚书院讲学。

2. 1983年3月朱光潜教授(左)在香港中文大学新亚书院讲学时，同钱穆(中)、金耀基合影。

3. 1980年6月8日全国第一次美学会议全体代表合影，朱光潜教授（前排右七）在会上当选为中国美学会会长。

朱光潜

1. 20世纪80年代初，朱光潜教授（右一）指导他的最后两名研究生。

2. 20世纪80年代初，朱光潜教授（前排右三）与北大哲学系美学教研室老师合影。

3. 20世纪80年代，朱光潜教授在北大老图书馆前留影。

1

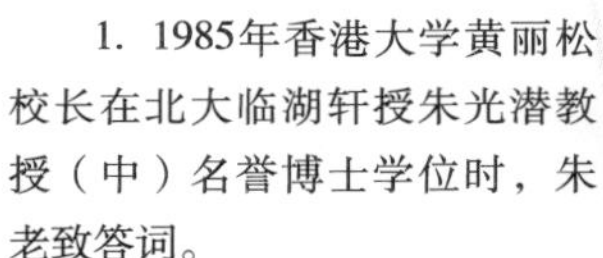

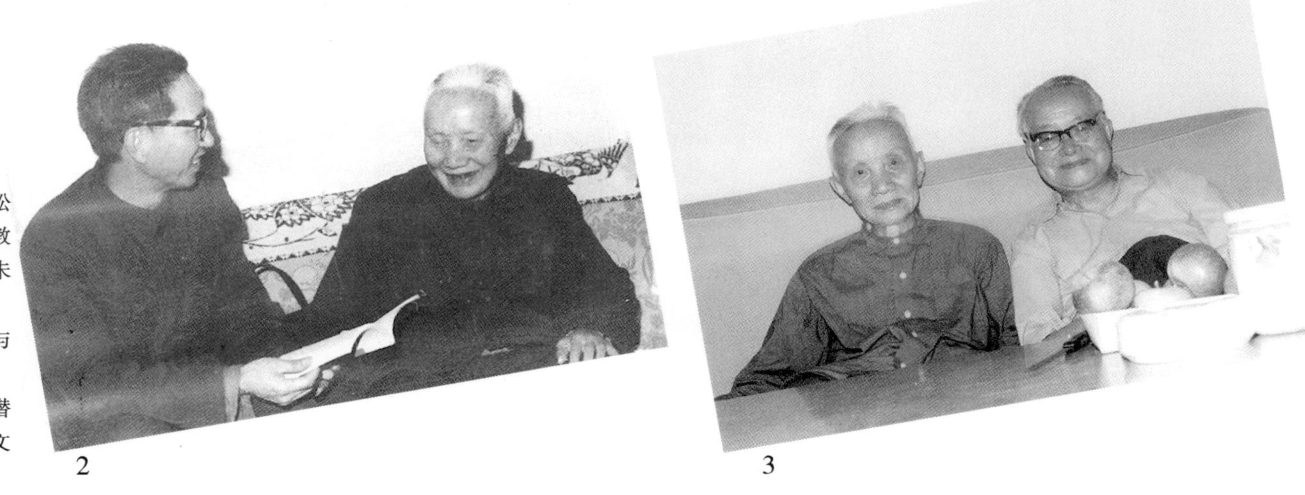

2　　3

1. 1985年香港大学黄丽松校长在北大临湖轩授朱光潜教授（中）名誉博士学位时，朱老致答词。

2. 1986年2月朱光潜教授与哲学系扬辛（左）在一起。

3. 20世纪80年代，朱光潜教授（左）与沈从文教授在文联开会时合影。

朱光潜

1. 晚年的朱光潜教授在书房。

2. 朱光潜教授在燕南园66号庭院中看书。

3. 20世纪80年代，朱光潜教授（左）与老校长周培源教授在燕园合影。

1

2

3

1. 朱光潜教授与儿子朱陈（右）在燕南园66号花园中。

2. 朱光潜教授在书房工作。

3. 每天早晨打自编的太极拳，这是朱老的一大爱好。

朱光潜

1

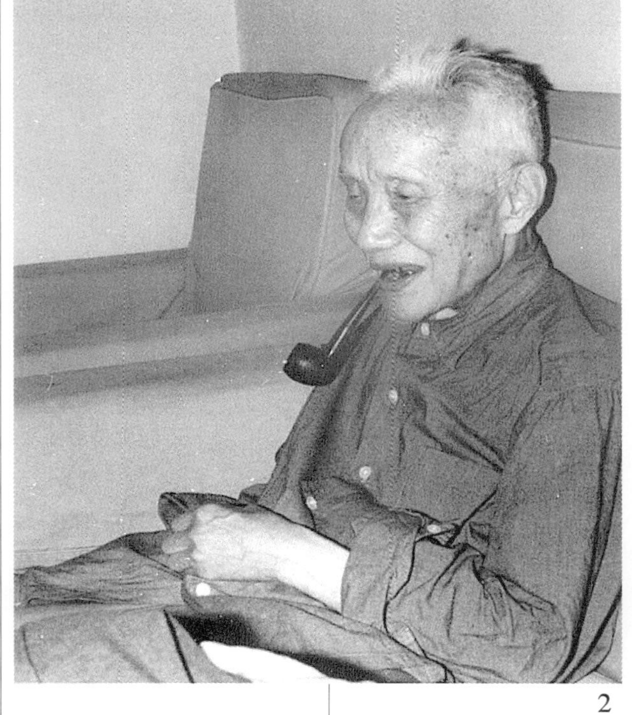

2

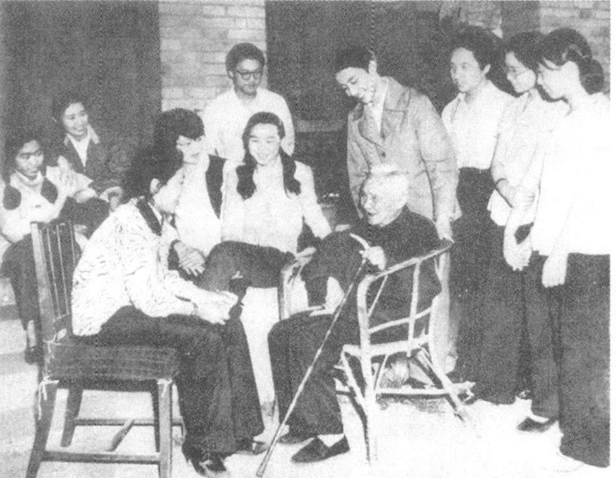

3

1. 朱光潜教授（前排左）与来访的海外学子在一起。

2. 抽烟斗是朱老先生的一大嗜好。

3. 20世纪80年代朱光潜教授（左五）同北大西语系学生们亲切交谈。

风采

叶企孙

叶企孙（1898.7.16–1977.1.13）名鸿眷，字企孙，以字行。生于上海。物理学家、教育家。1955年当选为中国科学院学部委员（院士）。是我国近代物理学的奠基人之一。

叶企孙出身于书香门第，父亲叶醴文研究国学，造诣很深，藏书七八千册。曾任上海县立敬业学校校长，上海县教育会会长，清华学校国学教师等职，这对叶企孙少年时代的成长有很大的影响。叶企孙小时就在其父的指导下阅读史子集著名篇章和《九章算术》、《梦溪笔谈》、《天演论》和《群学肄言》等著作，为他打下了深厚的国学基础。20世纪初，他进了新学堂——上海县立敬业学校学习。1911年考入清华学校，预备留美。后因辛亥革命爆发，转入上海兵工中学学习。1913年再次考入清华学校，入高等科，在清华学习5年，名列前茅，1918年毕业。同年夏赴美国留学，入芝加哥大学物理系学习，1920年6月获得理学士学位。同年9月转入哈佛大学研究院，先后师从著名的物理学家杜安（W.Duane）和布里奇曼（P.W.Bridgman），进行实验物理研究。1923年6月以论文《高压对铁磁性金属磁性质的影响》获哈佛大学哲学博士学位。回国前访问英、法、德、荷、比等国的大学和物理研究所，他通晓英、法、德语，通过这次访问对欧洲高等教育和科研情况有了较全面的了解，对他回国后的工作大有裨益。1924年回国，任南京东南大学物理系副教授，先后讲授力学、电子论和近代物理。1925年应清华学校教务长梅贻琦之聘，去清华学校任教，创办物理系，任物理系教授、系主任。1929年清华大学理学院成立，叶企孙任院长，在此期间他为物理系和理学院招揽了一批名教授，如熊庆来、吴有训、萨本栋、张子高、黄子卿、李继侗、周培源、赵忠尧、任之恭等，充实了物理系和理学院的师资队伍，在提高教学科研水平方面做了大量工作，使清华大学理学院各系成为国内相应学科的学术中心之一，这对中

1

2

1. 1929年在清华大学北院7号叶企孙教授住宅前的合影。左起：陈岱孙，施家炀，金岳霖，萨本栋，萧遼，叶企孙，萨本铁，周培源。

2. 1913年叶企孙报考清华学校时留影。

国科学事业的发展起了很大的作用。他也是中国物理学会的发起人之一，1932年在中国物理学会第一届年会上当选为副会长，以后又多次出任会长、理事长等职。1938年起先后任西南联合大学教授、理学院院长，清华大学特种研究所委员会主任，与饶毓泰、吴有训等教授一起培养了一大批物理学人才。1941年7月—1943年7月任中央研究院总干事，1948年当选为中央研究院院士，后任清华大学校务委员会主任。1952年全国高等学校院系调整，他离开清华大学到北京大学，历任北京大学物理系教授、磁学教研室主任、校务委员，中国科学院自然科学史委员会副主任、中国

1935年清华大学物理系部分职工合影于礼堂前。一排左二起：周培源、赵忠尧、叶企孙、萨本栋、任之恭、傅承义、王遵明；二排左起：杨龙生、彭桓武、钱三强、钱伟长、李鼎初、池钟瀛、秦馨菱、王大珩；三排：郁钟正（于光远）、杨镇。

科学院自然科学史研究所研究员，中国科学院学部委员（院士）、数理化学部常务委员等职。还是第一届全国政协委员，第一至三届全国人大代表。

叶企孙对科学的贡献主要在于物理学、科学史和教育学等方面。1920年—1923年在美国哈佛大学留学期间，有两项重要科学研究成果:一是在1921年与W.杜安和H.H.帕尔默合作精确测定了普朗克常数，他们测得的数据在当时是最精确的，这一数值被世界科技界沿用了16年。二是在1923年他研究了流体静压力对铁、镍、钴纯金属和两种碳钢磁导率的影响。他改进了实验方法，将压力从前人的最高值300-1000个大气压提高到约12000个大气压，从而观测到了前人未见的新的复杂现象，并用唯象理论解释了实验结果，为这一领域的研究做了开创性的工作。他后来从事建筑声学、铁磁性和自然科学史等方面的研究，也取得了不少的成绩。

叶企孙教授对自然科学史研究作出了重要贡献，是中国自然科学史研究所的创建者之一，也是我国从事现代磁学研究的第一位学者，为开创我国这一个领域的研究道路作出了贡献。

叶企孙教授也是一位坚定的爱国主义者，在抗日战争期间，他领导的清华大学特种研究所结合抗日战争的实际需要开展了不少应用研究工作。并冒着极大的风险直接参加和支持冀中抗日根据地对敌斗争，推荐并输送了一些清华的学生到冀中抗日根据地，组织学生为根据地制造炸药、装配无线电收发报机，并筹款万余元购买药品、医疗用具、电台、黄色炸药等送往冀中根据地，为抗战做了不少工作。

叶企孙教授在高等教育岗位上辛勤耕耘了半个多世纪，对我国的科学研究、人才培养等方面都有许多宝贵的经验，为祖国培育了一代代科技精英，经他培养和选拔而成为世界知名学者的有：钱学森、马大猷、华罗庚等；1956年诺贝尔物理奖获得者杨振宁、李政道；两弹一星功勋奖章获得者23人中的11人，有王淦昌、邓稼先、赵九章、钱三强、王大珩、朱光亚、陈芳允、周光召、钱学森、程开甲、彭桓武。

叶企孙教授为物理学界的一代宗师，为促进我国科学技术、教育事业的发展作出了不可磨灭的贡献。主要论著有《中国算学史略》、《清华大学大礼堂之听音困难及其改正》、《科学与人生》、《萨本栋先生事略》等。

20世纪30年代时的叶企孙教授。

1

2

1. 1932年清华大学物理系全体职工合影。前排左起：郑衍芬、梅贻琦、叶企孙、贾连亨、萧文玉；后排左起：施汝为、阎裕昌、王平安、赵忠尧、王霖泽。

2. 1936年11月叶企孙教授（后排右二）和吴有训先生（后排右三）一起到抗日前线慰问29军将士。

1

2

3

1. 抗战前，叶企孙教授与陈岱孙教授（左一），吴宓教授（右一）在卢沟桥头合影。

2. 1937年叶企孙教授（中）和熊大缜（左二）与抗日军人合影。

3. 1941年清华大学校庆时领导成员在西南联大工学院合影。右起：叶企孙，冯友兰，吴有训，梅贻琦，陈岱孙，潘光旦，施家炀。

叶企孙

1. 1935年在浙江莫干山叶企孙教授（左二）与熊大缜（左三）和叶企孙亲戚合影。

2. 1948年春，叶企孙教授（左一）到国学大师陈寅恪教授（右一）家做客。

3. 1949年10月陈毅参观清华大学与校领导合影。前排左起：叶企孙，张奚若，陈毅，吴晗；后排左起：潘光旦，张子高，周培源。

1

2

3

1

1. 20世纪50年代末叶企孙教授与李约瑟先生在北大地学楼前合影。前排左起：叶企孙，汤佩松，李约瑟。

2. 叶企孙教授（三排左六）、王竹溪（三排右八）与北大物理系1953级毕业生合影。

3. 1949年10月，叶企孙教授接待中央领导参观清华大学时在图书馆大门前合影。前排左起：贺龙，钱伟长，叶企孙，陈毅；后排左起：任弼时，钱俊瑞。

3

2

叶企孙

1. 叶企孙教授像。

2. 1955年叶企孙教授当选为中国科学院学部委员时的证书。

3. 1954年9月1日叶企孙教授当选为全国人大代表时的证书。

4. 叶企孙教授的铜像。

5. 1998年6月12日李政道在上海敬业中学纪念叶企孙教授诞辰100周年大会上讲话。

乐森璕

乐森璕

乐森璕（1898.9.24–1989.2.12）本名森珣，号季纯。祖籍江西省吉安市，生于贵州省贵阳市。地质学家、古生物地层学家和地质教育家。1955年当选为中国科学院学部委员（院士）。

乐森璕幼年时期，就读于贵阳乐群小学。1915年考入贵州省模范中学（后改名为贵州省立第一中学），1918年高中毕业时以优异的成绩被保送为官费生，入北京大学数学系学习，后受到“仰以观于天文，俯以查于地理”的启发，转入地质学系学习，师从国际著名的地质学家李四光教授和葛利普教授等，1924年毕业，获理学士学位。后考入前农商部地质调查所任调查员。1927年—1934年在两广地质调查所担任技正，并在中山大学兼课。在此期间，于1927年在中国地质学会志发表《辽宁及河北石炭纪管状珊瑚虫之新属》，同年还发表《贵阳附近之二叠纪胁形贝动物群》，证明贵阳附近有晚二叠纪的地层。1932年他与黄汲清教授合著《扬子江下游栖霞石灰岩之珊瑚化石》专著，成为研究中国南方二叠纪地层和珊瑚化石的奠基性文献，得到了国内外学者的高度评价。乐森璕在贵州、广西及广东等省区作了许多开创性的地层研究工作：命名了茅口石灰岩、王家坝石灰岩、新铺中生代地层、安顺淡水螺层、轿子山煤系和蟒山石英砂岩等，提供了“法郎组”时代的化石依据，并指出了贵州上二叠统地层的相变关系。对古生物学和地层学作出了贡献。

1934年乐森璕赴德国深造，在哥廷根大学和马堡大学学习泥盆纪的腕足动物、四射珊瑚及中生代有孔虫。1936年在著名的德国古生物志上发表了《中国南部广西省中泥盆世四射珊瑚群》，详细描述许多新种属，与德国莱茵地区的珊瑚动物群对比，确定了艾菲尔阶及吉维特阶的地层，并结合腕足动

1

1. 乐森璕（1898.9.24—1989.2.12）

2. 1934年乐森璕在柏林俾斯麦湖留影。

2

物化石，将广西北部的泥盆纪地层划分为3个统7个组。1939年发表了《中国南部海相早泥盆世晚期及中泥盆世早期地层的划分》（德文）。

1936年乐森璕留学归来，先在中山大学讲授古生物学和地史学，并在两广地质调查所兼任地质矿产调查工作。1937年创立贵州矿产测勘团任主任，与蒋溶、罗绳武等人合作，专门从事研究贵州省的地质矿产，并在贵州大学兼课。他克服了当时的经费和人手不足、交通不便等困难，在工作条件十分险恶、盗匪横行和日军轰炸、生活条件非常艰苦的情况下，奔波于崇山峻岭之间，调查了丰富的矿产资源：金、银、铜、铁、铝、锰、铅、锌、汞、煤等，强调贵州省煤、铁、汞、铝四大矿产资源在全国有重要地位。他还编制1：7.5万的《贵阳附近地质图（含矿产）》及1：2.5万的《贵阳市区地质图》，并协助组织1944年在贵阳市召开中国地质学会第20届年会，宣读《贵州地质的轮廓》及《贵阳附近之地质构造》。抗战胜利后，任贵州地质调查所所长，汇编了《贵州地质矿产纲要》，绘制50万分之一《贵州地质略图》和《贵州矿产分布图》。他常说：“若全省各地地质都调查完竣，则吾死亦愿足矣。”表达了一个地质学者对家乡矿产资源和地质事业的深情。数十年对家乡矿产的勘查，凝聚了他的心血，他是贵州矿产资源专门勘查与系统研究报道的第一人，也是开发贵州省丰富的地下资源的奠基人。

1949年新中国成立，乐森璕被任命为西南地质调查所副所长，受到邓小平亲自接见，此后更加专注于古生物学、珊瑚和地层学科学研究，作出了许多重要贡献。1956年起发表《四川龙门山区泥盆纪分层分带及其基础》和《黔东翁项区上泥盆纪早期之发现及其地层上之意义》，与侯鸿飞合著《中国南部泥盆石炭分界问题的探讨》，与俞昌民合著《中国泥盆纪拖鞋珊瑚的新资料》。他的《华南古生代几种常见的海绵和珊瑚化石》、《贵州奥陶纪珊瑚化石的新资料》等论著，进一步丰富了我国四射

1

1. 1928年乐森璕（左一）赴庐山第一次学习测制十万分之一的图像，在庐山巧遇其姐（右二）与外甥女，合影留念。

2. 1935年乐森璕（右）赴德国古廷根大学地球物理系学习，在楼前留影。

2

乐森璕

珊瑚的资料，为区域地质研究和石油勘探打下了坚实基础。1959年他与秦洪宾教授合译《微体化石概论》，1964年他与吴望始合著《珊瑚化石（四射珊瑚）》，系统介绍四射珊瑚的形态构造和研究方法，包括300多个属和亚属的特征，对于我国的四射珊瑚研究起了很大推动作用。

乐老从事地质教育事业六十余载，先后为我国培养的地质人才达两千多人。他教学一贯十分认真负责，兢兢业业，并且鼓励和培养青年教师担当教学和科学研究的重任。他于1928年开始在中山大学兼课，讲授《中国地质史》等课程。又在贵州与丁道衡教授一起成立地质学系，分担古生物学等十几门课程。1953年他率重庆大学地质学系师生在川西龙门山泥盆纪的地层中发现了我国第一块胴甲目节甲鱼化石。曾任西南军政委员会文化教育委员会委员，重庆大学地质学系教授兼古生物地层教研室主任、地质地理学系主任。1955年经李四光推荐，乐森璕教授调入北京大学，历任地质地理学系教授、古生物地层教研室主任、地质地理学系主任、地质学系主任。1955年当选为中国科学院学部委员（院士）。还兼任中国古生物学会理事，中国地质学会副理事长，全国地层委员会委员，第四至六届全国政协委员等职。

乐老先后讲授过《无脊椎古生物学》、《地史学通论》、《四射珊瑚专题》、《床板珊瑚专题》、《古生物学研究法》、《生物地层学概论》和《矿产

2

1

1. 1936年乐森璕在西德白垩纪野外现场检视微体化石。

2. 1936年乐森璕（左）与好友丁道衡在观赏西德国花紫杜鹃花时留影。

地层学》等十几门课程，亲自编写教材，还聘请诸多专家教授讲授古生物学专题。乐老六十多岁还亲自领队从事野外实习和教学，拄着手杖上山，到唐山地区建立教学实习基地，到广西采集教学标本，奔波于山间小路上。

乐老对学生一向热心教导、严格要求。1978年恢复研究生制度时他已届八旬，不但尽心指导研究论文，指定参考文献，甚至亲手示范如何剪照片、贴图版，详加审阅评点。他的弟子齐文同教授在1983年参加华盛顿举行的第四届国际刺细胞化石会议上宣读的一篇论文，就凝聚了乐森璕导师的教导和期望，此文引起了国际同行的好评。

1

2

1. 1936年乐森璕（左一）参加柏林的青年励志会1936年年会，与会员们合影。

2. 乐森璕1936年收集的地质构造资料：瑞士典型的侧卧褶曲。

20世纪80年代，乐森璕院士以耄耋之年仍好学不倦，由科研助手搀扶到办公室整整书籍、查查资料，乐而忘返。1981年乐老还以83岁高龄，在贵州省自然科学学术讲座上首位宣讲《贵州煤矿资源发展远景及其综合利用》。1982年在福州召开中国古生物学会珊瑚学科组成立大会暨第一次学术讨论会，会上还宣读了乐老与林英锡、金善玉和齐文同合写的《中国四射珊瑚研究概况》。

乐森璕教授是我国最早从事珊瑚研究的学者之一，是地质学界的宗师，专长四射珊瑚和泥盆纪的地层研究。六十余年来在地质资源调查、古生物学和地层学等方面多有建树，做了许多奠基性的工作，乐老晚年一直念念不忘我国地质事业的发展、特别是古生物学和地层学的发展。他对地质科学的挚爱和严谨求实的科学态度感人至深。对于地质教育事业长期奉献，特别是晚年致力于北京大学地质学系的恢复和重建，为国家培养出了大批优秀人才，得到了学术界的高度评价。

他严谨的治学精神、勤奋的工作作风是广大地质工作者的楷模。

主要论著和译著有：《生物地层学基础》、《珊瑚化石（四射珊瑚）》（合著）、《四射珊瑚类的起源问题》、《中国的四射珊瑚研究概况》（合著）、《微体化石概论》（合译）、《微体古生物学引论》、《甘肃考古记》等。

乐森璕

1　3　2

1. 1937年4月，中山大学地质系师生合影，前排右二为乐森璕教授。

2. 1954年乐森璕教授带领重庆大学的学生在花溪实习时与学生们合影。

3. 1959年乐森璕教授（右二）与侯仁之教授（左一）在一起。

1. 1964年乐森璕教授解放后首次参观中科院地质古生物研究所。

2. 1960年乐森璕教授在颐和园留影。

乐森璕

1. 1964年秋，乐森璕教授（左）和他的第一个研究生罗健。

2. 1964年12月，乐森璕教授（右）与中科院南京分院院长周赞衡教授在一起，老朋友相见，不亦乐乎！

1. 1978年10月，乐老（左六）与中国古生物学会的理事合影。

2. 1978年三老（乐森璕教授［中］、卢衡豪教授［右］、王钰教授）在一起参观临朐大水库。

3. 20世纪80年代，乐老（右）与著名地质学家尹赞勋一起观赏展品。

乐森璕

1

2

3

4

1. 乐趣——87岁的乐老在看书（1985年）。

2. 1982年乐老（左二）与女儿、女婿们在植物园。

3. 1981年9月，乐老在观察石钟乳结核。

4. 20世纪80年代乐老（左二）在北大接待加拿大lauventin大学P.Copper博士（左一）时合影。

游国恩

游国恩

1

2

1. 游国恩教授。

2. 游国恩先生20世纪30年代在青岛大学任教。

游国恩（1899.4.17–1978.6.20）。字泽承。江西临川人。文学史家、楚辞学专家。

幼年随祖父学习传统经典，后在家乡完成中、小学教育。1919年到北京，1920年考入北京大学中文系预科，1922年升入中文系本科，1926年毕业。毕业后先在中学任教。1929–1942年先后在武汉大学、青岛大学、山东大学、华中大学任教。1942年到昆明，任西南联合大学及北京大学教授，除讲授中国文学史外，还开设了黄山谷诗讲录、古文选读与习作等课程。1946年，北京大学复员，迁回北平。1952年任北京大学中国文学史教研室主任，后兼任副系主任、校务委员会委员，中国科学院文学研究所学术委员会委员，全国政协委员，九三学社中央委员等职。1956年被评为一级教授。

游国恩教授毕生从事教学和学术研究，对中国古代文学史，特别是对

《楚辞》的研究做出了重大贡献，成为享誉中外著名的文学史家、楚辞学专家。在大学求学时期就发表了《荀卿考》、《陶潜年纪辨疑》等重要论文和专著《楚辞概论》。《楚辞概论》是第一部全面介绍《楚辞》并加以考证的专著，提出“劳商”就是“离骚”等创见，被称为“有《楚辞》以来一部空前的著作。”最重要的楚辞著述为《楚辞纂义》，积数十年之功积累资料，整理成书，已经出版的有《离骚纂义》、《天问纂义》，既是对两千年来楚辞训诂、考据成果的总结，也是他一生楚辞研究的结晶。

主要著作有《楚辞概论》、《先秦文学》、《读骚论微初集》、《屈原》、《楚辞论文集》、《离骚纂义》、《天问纂义》等；还主编和编撰了《中国文学史》（教科书）、《中国文学史教学大纲》、《中国文学史大纲》、《先秦文学参考资料》、《两汉文学参考资料》、《陆游诗选》；还有《游国恩学术论文集》等。

1946年5月西南联大即将结束，北大、清华、南开三校将复原返平津，中文系师生特合影留念。二排左起：浦江清、朱自清、冯友兰、闻一多、唐兰、游国恩、罗庸、许骏遹、余冠英、王力、沈从文等。

游国恩

1

2

3

4

1. 1941年秋，游国恩教授（前排右二）在云南大理喜洲华中大学任教时，邀请由重庆来到昆明的老友原在山东大学的同事老舍先生（前排左一）同游大理古南昭国遗址时合影。前排右一为游国恩长女游珏。

2. 20世纪40年代初，游国恩教授在云南大理喜洲华中大学任教。

3. 20世纪40年代初，游国恩教授（二排中）在云南大理喜洲与夫人（二排左一）、孩子合影。

4. 20世纪50年代，游国恩教授在书房看书。

1

1. 1956年游国恩教授（右）在辅导研究生。

2. 1962年秋，日本著名汉学家波多野太郎访问北大，翦伯赞教授（右）、游国恩教授（中）和周一良教授（左）在燕东园为其送行时合影。

3. 1962年秋，游国恩教授（右）与日本著名汉学家波多野太郎教授合影。

4. 1963年12月，游国恩教授在日本讲学。

2

3

4

游国恩

1. 1963年12月5日，游国恩教授（右三）在日本早稻田大学参观。

2. 1963年12月，游国恩教授（左二）参加中国学术代表团访问日本，抵达日本时的情况。

3. 20世纪60年代中期，游国恩教授在书房。

1

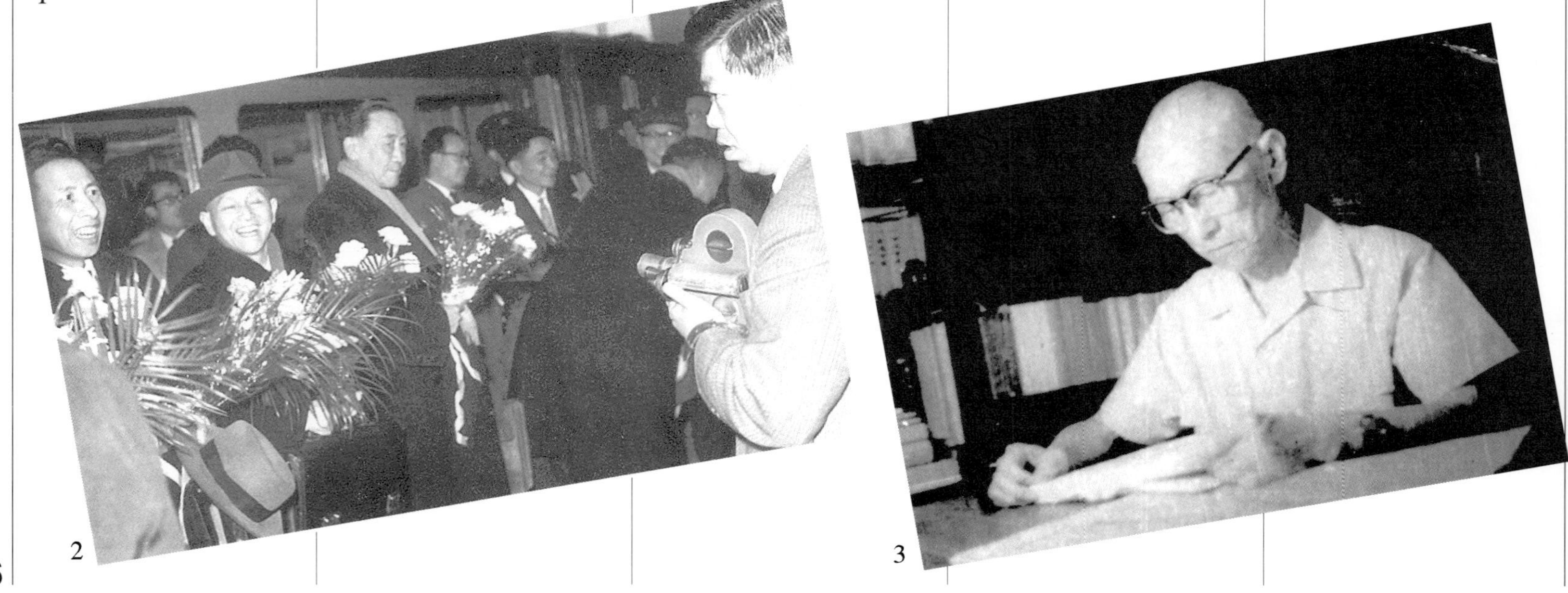

2

3

1

2

3

1. 20世纪60年代中期，游国恩教授在北大燕东园。

2. 1963年12月，游国恩教授参加中国学术代表团访问日本，游老在日本京都大学讲学。

3. 1963年12月，游国恩教授在日本讲学受到高校师生的热烈欢迎。

游国恩

1. 游国恩教授与中文系教师们在一起，第一排从左到右：王季思，袁家骅，赵景琛，王力，游国恩，詹安泰，余冠英，林庚。

2. 1963年12月日本学生到宾馆拜会游国恩教授（右二）。

3. 20世纪70年代初，游国恩教授夫妇合影。

1

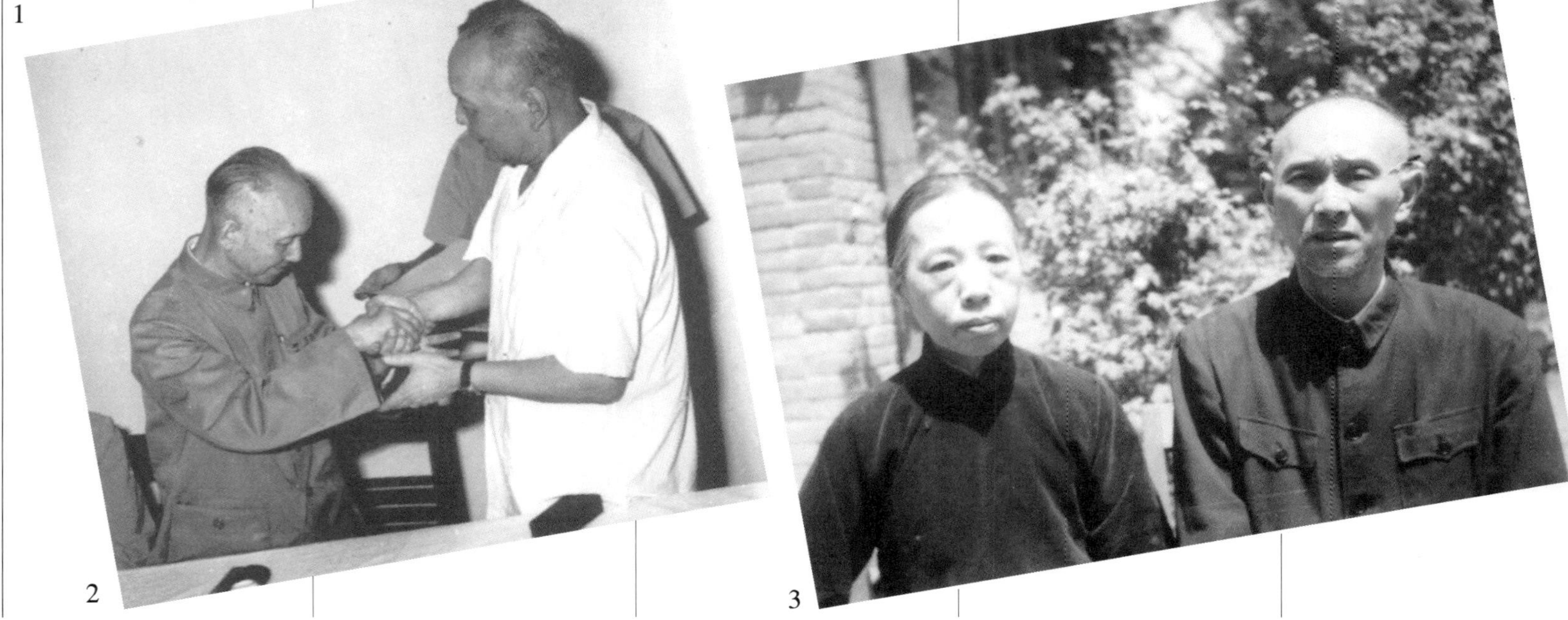

2

3

风采

王力

王 力

王力（1900.8.10–1986.5.3）原名祥瑛，字了一。广西博白人。语言学家，中国现代语言学的奠基人之一。中国科学院哲学社会科学部学部委员（院士）。

14岁高小毕业，因家贫无力升学。1917年任私塾教师。1921年任博白县大平坡李氏开国校教员，在教学中，开始研究中国语法。1924年考入上海私立南方大学，因参加学潮，反对校长江亢虎搞帝制复辟活动，被校方开除。次年转入章太炎为校长的上海国民大学学习。1926年考入清华国学研究院，师从梁启超、王国维、赵元任、陈寅恪等，研究中国古文法。1927年赴法国留学，入巴黎大学，研究实验语言学，1931年以毕业论文《博白方音实验录》（法文）获巴黎大学文学博士学位。1932年回国，任清华大学中文系专任讲师，1935年任教授，讲授语言学、语音学及中国音韵学，同时在燕京大学任教。1937年抗日战争全面爆发后，南下长沙，任教于长沙临时大学。1938年初到桂林，任广西大学文史地专修科主任。同年秋，到昆明，任西南联合大学教授，讲授语言学概要、中国现代语法、诗法等课程。1939年赴越南，在远东学院进修，从事东方语言（主要是越语）的研究。1940年回昆明，继续任教于西南联合大学。1946年到广州，任中山大学教授兼文学院院长，并创建我国第一个语言学系。1948年任岭南大学教授兼文学院院长。1950年任广州市人民政府委员。同年任华南文学艺术家联合会副主席。1952年全国院系调整，岭南大学并入中山大学，任中山大学教授兼语言系主任。1954年任北京大学中文系教授，兼任北大汉语教研室主任、中文系副主任、古代汉语教研室主任、校学术委员会委员等职。同年还任中国文字改革委员会委员，参加《汉语拼音方案》的制订工作。1955年当选为中国科学院哲学社会科学部委员。1956年任中央推广普通话工作委员会委员。1957年冬赴波兰讲学。曾任中国科学院语言所（今中国社会科学院语言研究所）学术委员会委员，中国文字改革委员会副主任，中国语言学会名誉会长，中国音韵学研究会名誉会长，国家语言文字工作委员会顾问，全国政协第四至六届委员、第五、六届常务委员，北京市政协第二至五届委员，第四、五届常务委员等职。

王力教授从事中国语言学研究和教学逾半个多世纪，在汉语语法学、语义学、音韵学、词汇学、语言史、语言学史、诗律学、文字改革等方面都有独到的见解，在国内外学术界享有很高的声誉。他的研究工作既继承我国古代语言的优良传统，又充分吸收了国外语言学的研究成果，在由传统语言学向现代语言学发展的过程中，他做出了卓越的贡献。在汉语研究的各个领域，大都具有开创的性质。在治学上他认为有两条：一是要占有资料；二是要有科学的头脑。提倡根据汉语特点建立汉语语法体系，对汉语语法特征和研究方法、汉语语法规律和语法理论进行了探讨，是我国汉语语法体系的开拓者之一。对汉语语音、语法、词汇发展的历史进行了全面深入的研究，揭示了汉语发展的内部规律，说明了汉语是如何发展形成为现代汉语的。运用现代语音学的理论和方法对传统音韵学进行了科学的整理和总结。从语言学的角度研究古体诗、词、曲各种诗体的特点，探讨词义演变，提出用历史的观念研究词义的新见解。所主编的《古代汉语》采用文选、常用词、通论结合的新体例，影响深远。王力教授的语言学研究始终是与教学联系在一起的，他在半个多世纪的教学生涯中，培养了一批又一批语言学专门人材，为中国语言学事业的发展作出了重要贡献。

王力教授在文学方面也有很高的造诣，在法国留学期间，翻译法国小说、

1

2

3

1. 20世纪20年代，王力先生（二排左一）在上海读大学时与同学们合影。

2. 王力先生1930年在法国。

3. 1931年的夏蔚霞。

王　力

剧本20余种；抗战期间，写了大量的散文，被誉为战时学者散文三大家之一。

王力著述颇丰，有专著40余种，论文200余篇。主要专著有《古代汉语》（主编）、《中国文法学初探》、《中国现代语法》、《中国语法理论》、《汉语史稿》、《汉语词汇史》、《汉语语音史》、《汉语史论文集》、《中国语言学史》、《中国音韵学》、《汉语音韵》、《同源字典》、《汉语诗律学》、《王力近体诗格律学》、《诗词格律概要》、《王力汉语散论》、《王力古汉语字典》、《汉字改革》、《希腊文学》、《罗马文学》、《博白方音实验录》（法文版）、《老子研究》等。主要译著有《半上流社会》、《娜拉》、《莫里哀全集（一）》、《沙弗》、《小酒店》、《丈夫学堂》等。有《龙虫并雕斋文集》、《龙虫并雕斋诗集》、《龙虫并雕斋琐语》、《王力文集》、《王力语言学论文集》等。

1

2

1. 1935年至1937年王力教授在清华的住宅。

2. 1936年王力教授与夫人夏蔚霞在清华大学家门前合影。

甜甜苦苦两人尝，四十五年情意长。七省奔波逃猃狁，一灯如豆伴凄凉。红羊溅海鲛绡泪，白药医书铁杖伤。今日桑榆晚景好，共祈百岁老鸳鸯。

庚申初春书赠

蔚霞贤妻存念

王力

1

2

1. 王力教授诗赠爱妻夏蔚霞。

2. 1946年5月3日，昆明国立西南联合大学中国文学系全体师生合影。第二排坐者从左至右为：浦江清、朱自清、冯友兰、闻一多、唐兰、游国恩、罗庸、许维遹、余冠英、王力、沈从文。

王　力

1

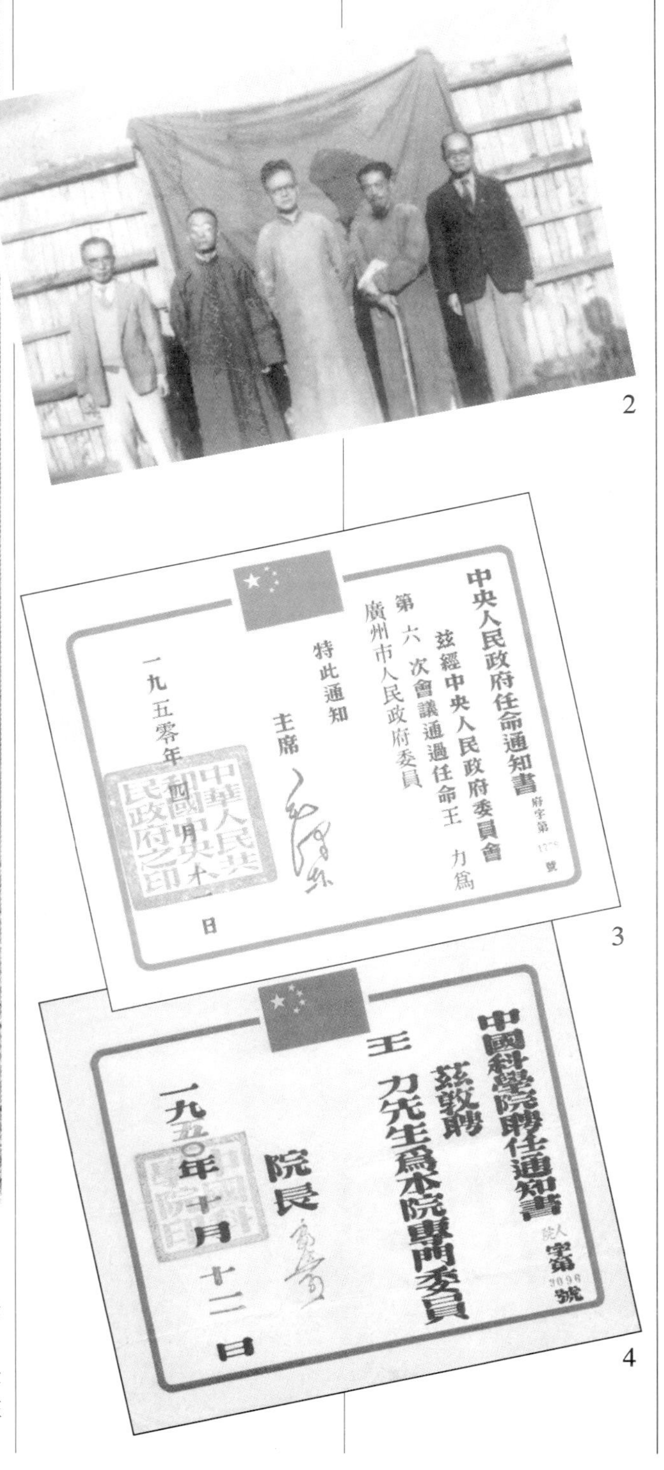

2

中央人民政府任命通知書 府字第 [illegible] 號

茲經中央人民政府委員會

第六次會議通過任命王　力為

廣州市人民政府委員

特此通知

主席

中華人民共和國中央人民政府之印

一九五零年 [illegible] 月 日

3

中國科學院聘任通知書 院人字第 [illegible] 號

茲敦聘

王　力先生為本院專門委員

院長

一九五〇年十月十二日

4

1. 1947年王力教授与陈寅恪（左）在岭南大学（后合并到中山大学）陈家门前合影。

2. 20世纪40年代王力教授送罗常培去美国。从左至右为：朱自清、罗庸、罗常培、闻一多、王力。

3. 1950年9月，王力教授受任为广州市人民政府委员的证书。

4. 1950年10月，王力教授受任为中国科学院专门委员的证书。

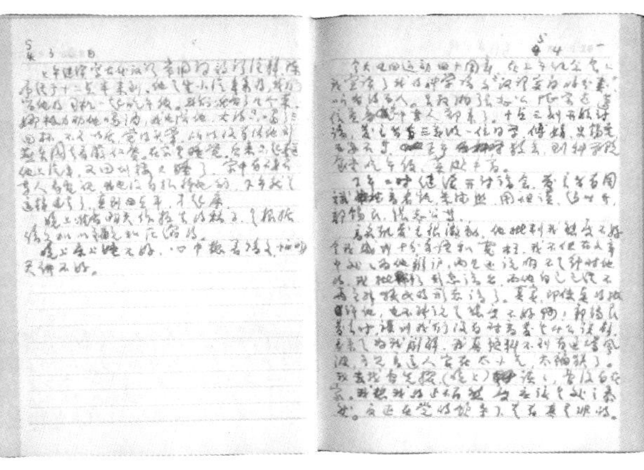
1

2

3

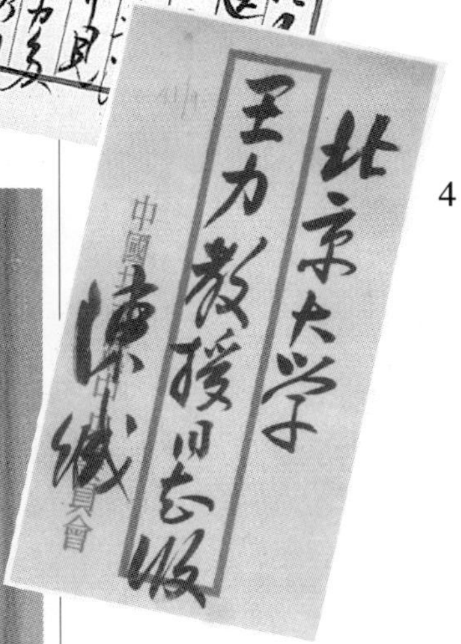

4

5

1

1. 王力教授日记之一页（1959.5.4）。

2. 王力教授用过的部分实物。

3.4. 陈毅元帅给王力教授的信及信封。

5. 1978年8月，王力教授（前排右三）78周岁生日，在京与夫人（前排右四）、子孙同聚一堂。

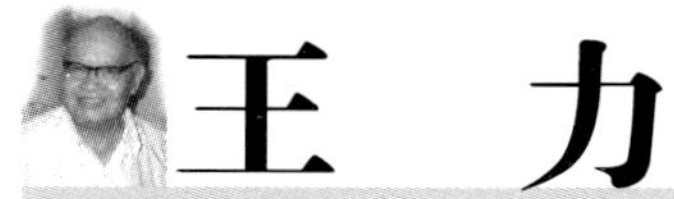

王　力

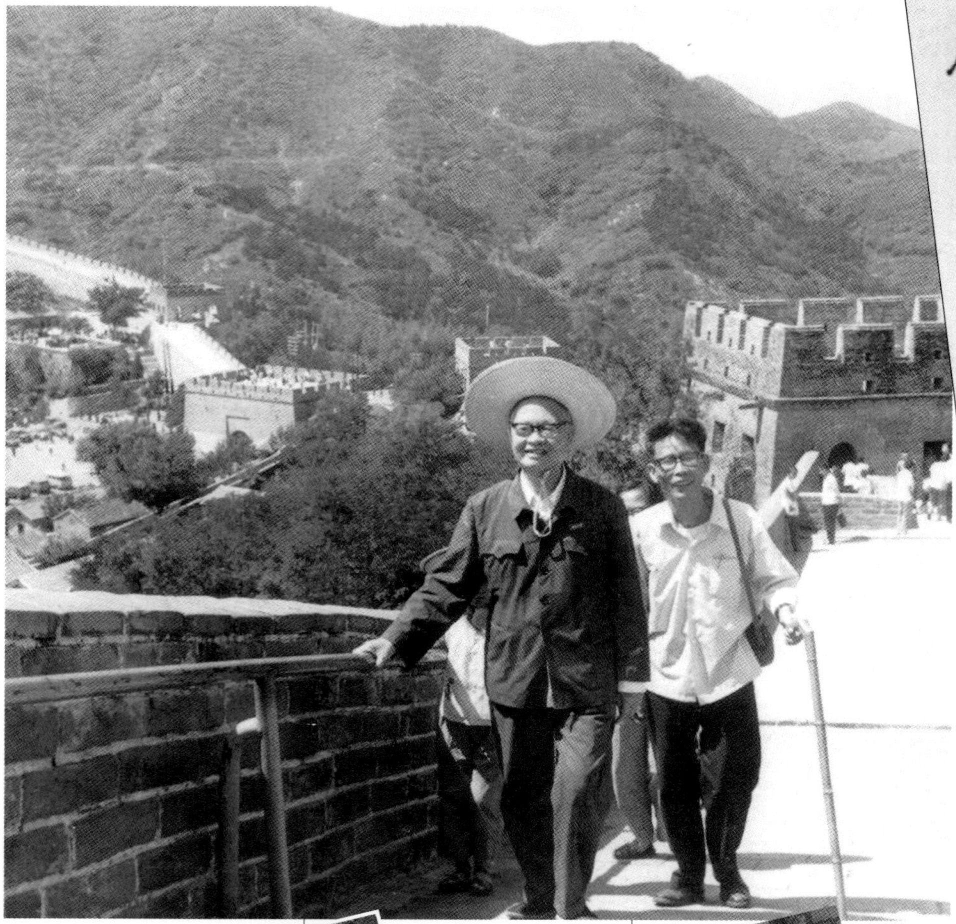

1

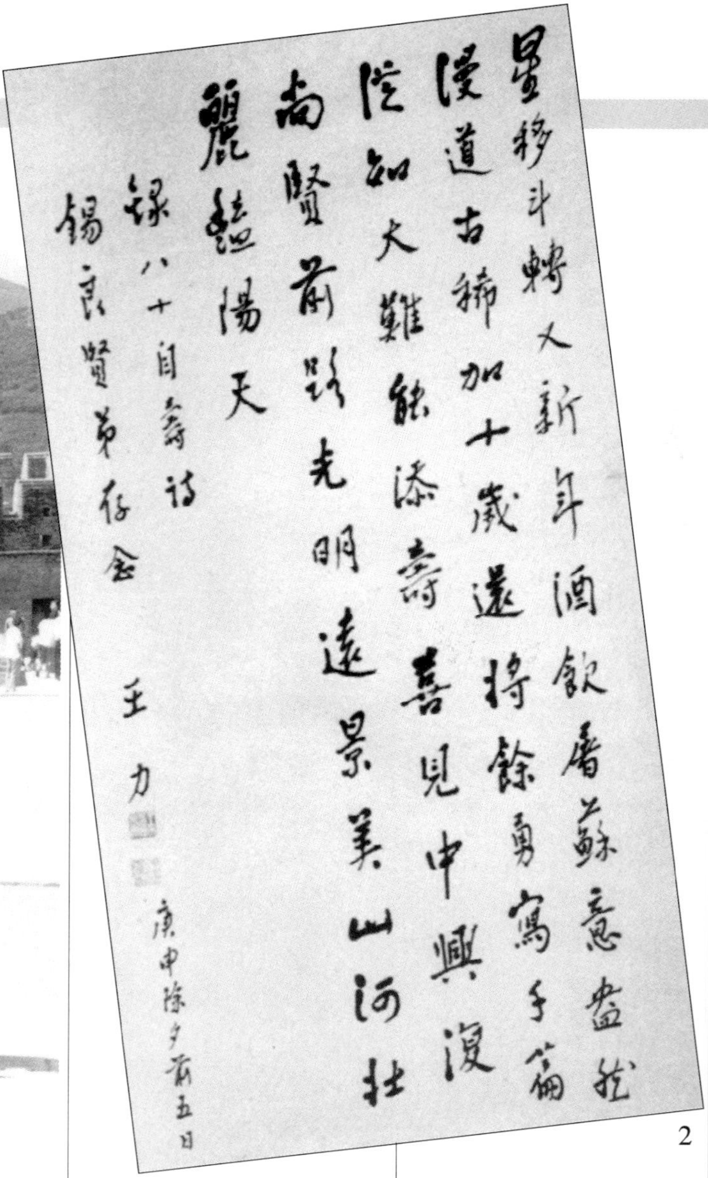

2

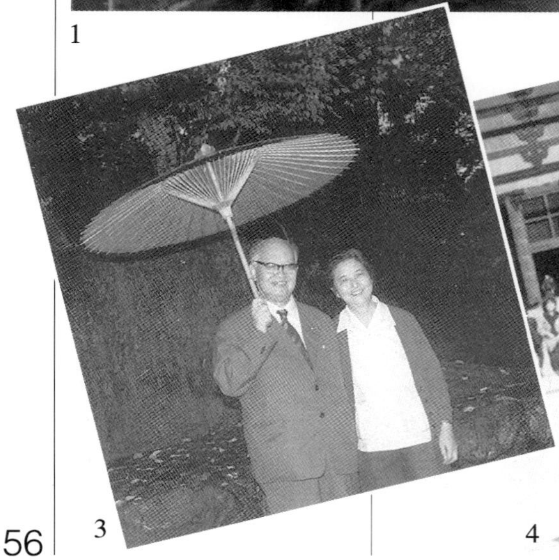

3

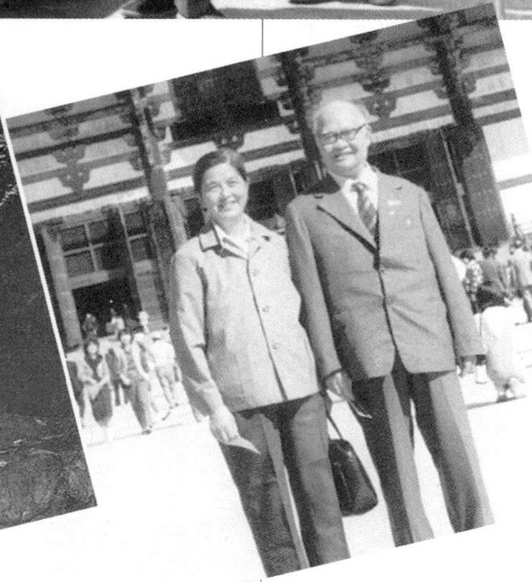

4

1. 1978年王力教授与女婿同登长城最高峰火台。

2. 王力教授八十自寿诗赋。

3. 1981年王力教授与夫人访问日本，在岚山周恩来总理诗碑前合影。

4. 1981年王力教授与夫人访问日本，在奈良东大寺合影留念。

1

人在畫橋西冷香飛上詩句

酒醒明月下夢魂欲渡蒼茫

2

1. 1981年王力教授挥毫作书。

2. 梁启超先生赠给王力教授亲笔题写的对联。

王　力

1

2

3

4

1. 1980年庆贺王力教授从事学术活动五十周年纪念会上，老舍夫人胡潔青赠给王力教授她作的画。

2. 1981年6月，王力教授诗贺马寅初先生百岁诞辰墨迹

3. 王力教授所著《同源字典》手稿。

4. 王力教授八十寿辰时，老舍的夫人胡潔青赠给王力教授的画。

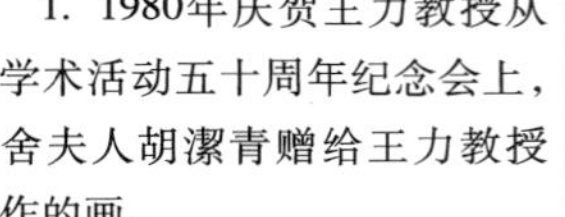

1. 1983年王力教授（左二）与夫人（右二）重返昆明龙头村，与王力教授在抗战时期西南联大时他的房东（左一）合影。

2. 20世纪80年代初，王力夫妇（右二、左一）与第二外国语学院的法国教授在王家门前合影。

3. 1978年王力教授在家里接待来访的法国巴黎第七大学教授于如柏。

4. 1981年6月，王力教授（右二）和林涛教授（右一）在北大会见赵元任教授（左二），会见时在座的还有美籍华人学者刘君若教授（左一）。

王　力

1

2　　3

1. 1985年王力教授（前排中）、林庚教授（前排左）、吴小如教授（前排右）与中文系1955年毕业的1951级同学30周年返校时合影。

2. 1985年8月10日，北大党委和统战部为庆祝王力教授八十五寿辰给他送来鲜花一束、蛋糕一盒，王力教授手捧鲜花和夫人合影留念。

3. 1981年王力教授在书房。

风采

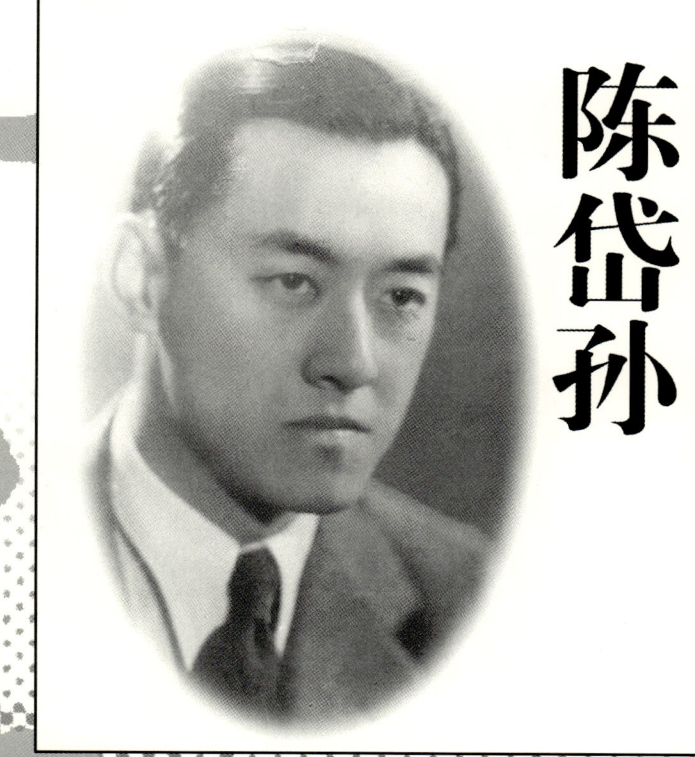

陈岱孙

陈岱孙（1900.10.20—1997.7.27）原名陈总，字岱孙。生于福建闽侯（今福州）。经济学家、教育家。

陈岱孙出生于一个书香门第的家庭，6岁入福州私塾读线装书，幼年时期近十年的私塾教育，使他受到了中国传统文化的严格训练，为他成才奠定了知识基础。1915年考入名校福州市鹤岭英华中学。1918年考入清华学校（今清华大学）高等学科的三年级插班生，1920年夏毕业，后获得庚子赔款公费留美资格。同年入美国威斯康辛大学经济系学习，1922年6月毕业，获学士学位，并获金钥匙奖。1922年入哈佛大学研究生院学习，1924年6月获文学硕士学位，1926年通过了博士论文“马萨诸塞州地方政府开支与人口密度的关系”（英文），获哲学博士学位。后赴英、法、意等国作短期考察和研究。当时的他，年仅26岁，完全可以在美国或欧洲找到一份待遇优厚的工作，但他毅然回国。正如他自己后来所说：“当时只有一个信念，学成之后报效祖国；正是因为祖国的经济文化不如欧美发达国家，才出去学习，学到知识才更有用，学成了不回来，又出去干什么。”1927年回国，先后任清华大学经济系教授、经济系主任及法学院院长。1933年6月作为中国代表团专家出席伦敦国际经济货币会议。同年8月，又作为中国代表团成员出席加拿大政府太平洋学会国际双年会。1937年随清华大学南迁，先后在长沙临时大学、西南联合大学任经济系教授、系主任和商学系主任。1945年抗战胜利后，他不顾个人的安危，在西南联合大学和张奚若、闻一多、朱自清、钱端升等教授联名发表了“十教授的公开信”，坚决要求蒋介石停止内战，希望政治协商会议成功和中华民族独立解放。后历任清华大学教

20世纪20年代初，陈岱孙（左）在哈佛大学留学时，与同学李芑均、曾昭承在哈佛塑像前合影。

授、保管委员会主席、法学院院长、经济系主任。新中国成立后，曾任华北人民政府高等教育委员会委员，并当选为北京市人民代表大会代表。1952年任中央财经学院第一副院长、代理院长。1953年起任北京大学经济系教授，历任北京大学经济系主任、校务委员会副主任、校学术委员会委员、经济学院博士生导师等，兼任国务院科学规划委员会委员、经济学组副组长，外国经济学说研究会理事会会长，北京市经济学会副会长，中国社会科学院经济科学技术委员会副主任委员，中国经济学团体联合会理事会顾问，《经济科学》主编，清华大学经济管理学院名誉教授，中国人民银行总行金融研究所顾问，《中国大百科全书·经济卷》编辑委员会委员、外国经济学说组主编，还担任全国政协第二至八届委员、第六、七届常务委员等职。

陈岱孙教授在财政学、统计学、国际金融、经济学说史等方面都有极高的研究成就。他密切关注我国社会经济生活中的重大理论和实践问题，对于如何认识和把握我国经济生活的现状和规律，确定改革和发展的总体取向提出了自己重要的意见。他主张对于经济现象的研究要注意定性分析和定量分析两个方面，批评忽视数量分析的倾向。对于西方经济学的理论、历史，财政金融和政策等，都有精湛的研究。在经济学说史的研究中，他指出魁奈经济表不仅涉及简单再生产，而且对扩大再生产也作了说明。他对于“亚当·斯密矛盾”也有缜密深入的研究。对于如何正确对待西方经济学和经济政策，指出不能一概排斥，也不应全盘接受，认为我国和西方国家经济制度不同，现代西方经济学的整个体系不能成为我国国民经济发展的指导思想，而在一些具体问题的分析方面，可以供我们参考与借鉴。主张中国不能走某些西方国家以扩张财政政策和货币政策为特点的老路，在制定国家经济发展战略和政策时一定要从我国的国情出发，应当从发展生产力着眼，不

1

2

1. 1922年陈岱孙在美国威斯康辛大学获学士学位。

2. 20世纪30年代初，陈岱孙（左一）在山西打猎时留影。

陈岱孙

1

2

1. 1936年陈岱孙教授在清华大学任教。

2. 1939年陈岱孙教授在昆明西南联合大学留影。

断提高劳动生产率，增加供给，同时要注意加强宏观调控。

陈岱孙从事经济学教育七十年，为国家培养了一代又一代人才，同时也形成了自己的经济学教育理论，他认为应将专才和通才教育结合起来，强调经济学的教学研究，一定要理论联系实际，主张实行基础理论和应用科学的恰当结合，坚持培养经济科学人才要加强基础理论、基本知识和基本技能的全面训练。陈岱孙教授学识之渊博，教学艺术之高超，素享盛誉，是一位拥有杰出的道德、文章堪称楷模的德高望重的经济学界宗师。

陈岱孙主要著作有：《经济学说史讲义》、《经济学说史》、《从古典经济学派到马克思》、

《政治经济学说史》（主编）等；主要论文有《规范经济学、实证经济学和西方资产阶级经济学说的发展》、《现代西方经济学的研究和我国社会主义经济现代化》、《西方经济学中经济自由主义和国家干预主义两思潮的消长》等。陈岱孙解放后发表的论著结集为《陈岱孙文集》，另有《陈岱孙学术论著自选集》。其中《从古典经济学派到马克思》荣获北京大学科学研究成果荣誉奖，《政治经济学说史》（主编）荣获全国高等学校优秀教材优秀奖，《现代西方经济学的研究和我国社会主义经济现代化》荣获北京市1987年首届哲学社会科学和政策研究优秀成果荣誉奖。

1. 1944年陈岱孙教授（前排右二）在昆明与西南联合大学商学系1945级学生合影。

2. 1965年陈岱孙教授（左三）与外国留学生在北京颐和园留影。

陈岱孙

1

2

3

1. 1981年陈岱孙教授在书房（北京大学镜春园79号甲）工作。

2. 20世纪80年代初的陈岱孙教授。

3. 1983年陈岱孙教授（右二）在香港中文大学与清华、西南联大校友见面时留影，左二为联大校友、诺贝尔物理奖获得者杨振宁。

1

2

3

1. 1984年的陈岱孙教授。

2. 1987年陈岱孙教授参加清华大学经济学院“陈岱孙经济学奖学金”颁奖仪式与朱镕基总理等合影。

3. 1986年4月陈岱孙教授（前排右三）参加清华大学校庆。

陈岱孙

1. 1988年4月陈岱孙教授参加清华大学内的西南联合大学纪念碑落成典礼，左起：朱德熙、赵访熊、周培源、陈岱孙、施嘉炀。

2. 1991年9月，陈岱孙教授（右一）在《钱端升学术论著自选集》首发式上。

3. 1989年秋，陈岱孙教授（前排右二）迁入燕南园54号，在新居前与家人合影。

1

2

3

1. 1992年4月，陈岱孙教授（中）在清华校庆时与老友赵忠尧、顾毓琇亲切交谈。

2. 1993年陈岱孙教授（左三）主持中国人民银行总行金融研究所九三届博士研究生论文答辩会。

3. 1995年10月21日，陈岱孙教授（右二）出席北京大学“庆祝陈岱孙教授九十五寿辰暨从事教学七十年”大会。

陈岱孙

1. 1995年10月21日，陈岱孙教授在北京大学“庆祝陈岱孙教授九十五寿辰暨从事教学七十年”大会上发言。

2. 1992年的陈岱孙教授。

3. 1998年5月4日，由西南联合大学校友会发起募捐制作的陈岱孙教授铜像抵达北京大学校园，安放在燕南园54号故居前。亲人和友人们在铜像前合影留念。

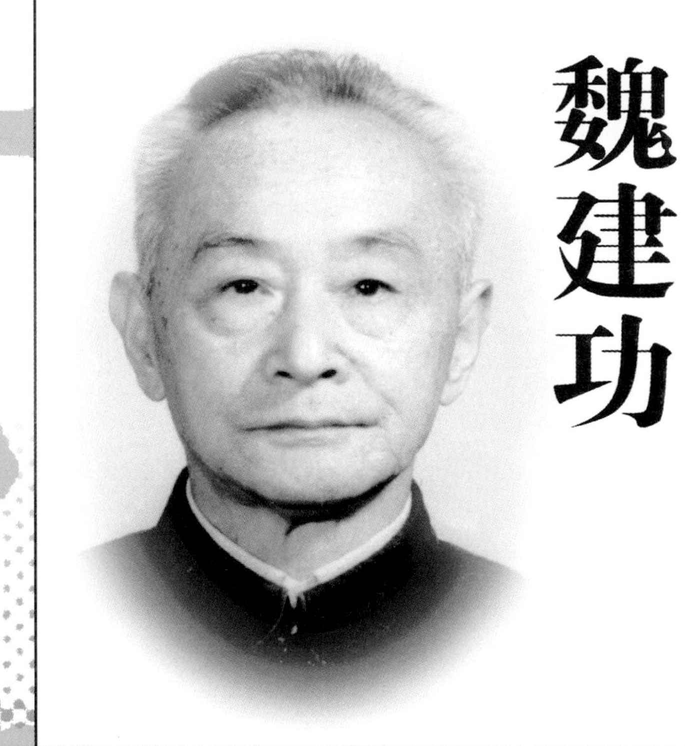
魏建功

魏建功

1

1.魏建功教授。

2. 在北京大学中文系读书时的魏建功。

2

魏建功（1901.11.17–1980.2.18）字天行、建功，笔名健攻、山鬼、文狸等。江苏海安人。语言文字学家、教育家。中国科学院哲学社会科学部学部委员，是我国现代语言学的早期开拓者之一。

1919年考入北京大学预科乙部，1921年升读北京大学中文系本科，1922年任北京大学研究所国学门临时书记，负责整理档案、编索引等工作。1923年，成为钱玄同入室弟子，1925年北京大学中文系毕业，发起创办黎明中学。1926年任北京大学国学门助教。在北京大学学习期间，积极参加新文化运动。1928年任中法大学教授，开始参与推行国语运动。1929年回北京大学，任中文系助教。1930年任北京大学《国学季刊》编委会主任，兼任燕京大学中文系讲师、北平女师大研究所研究员。1931年升任北大中文系副教授，后升任教授。1935年任“教育部国语推行委员会”常务委员。1938年任西南联合大学教授。1941年任迁至昆明的中法大学教授，创办文史系，任系主任。1946年任“台湾国语推行委员会”主任委员。1947年任中国语言学会理事，应聘为台湾大学特约中文系教授。1948年在台北创办《国语日报》，任社长。同年10月回北平，任北大中文系教授。1949年7月至1950年7月任北大中文系主任。1950年兼任新华辞书社社长，主持编纂《新华字典》。同年被聘为中国科学院专门委员。1952年兼任中国文字改革研究会委员，参与汉字简化和汉语拼音方案制订工作。1955年当选为中国科学院哲学社会科学部学部委员。1959年任北京大学中文系副系主任，创办全国高校第一个古典文献专业，兼任古典文献教研室主任，1961年任北京大学副校长。1979年被聘为北京大学学术委员会委员。曾任国务院科学规划委员会委员，中国科学院语言所学术委员、审音工作委员会委员，中央推广普通话委员会委员，中国文字改革协会常务理事，文化部古籍整理规划小组组员，《中国语文》杂志常务编委，第二届全国政协委员，第一、二届北京市政协委员，九三学社中央委员、常委等职。

魏建功教授毕生主要致力于汉语语言文字的教学和研究工作，是我国现代语言学的早期开拓者之一，也是北京大学中文系古典文献专业的奠基人。早年积极从事民俗学和民间文学的搜集、整理和研究，以及方言的调查研究工作。在音韵学方面有很深的造诣，成就最大。他注重考据，提倡“朴学”精神，同时注意吸收现代语言学方法，对古音、等韵、切韵和各种韵书都有深入的研究。《古音系研究》是其最具代表性的著作，是他对音韵学研究的理论与方法进行系统探索的独创，在汉语语音的研究上占有重要的地位。在研究韵书系统方面，是继王国维之后有成就的学者之一，补充、发展了前人的学说。

魏建功教授还是国语运动的积极推动者，早在1928年就参加了当时的国

1. 魏建功在南通七中读书时留影。

2. 少年时代的魏建功（左立者）与母亲仲延康夫人（右坐者）。

3. 1925年在北大中文系本科毕业时的魏建功。

1

2

3

语统一筹备会（后改为“国语推行委员会”）。1943年在国立西南女子师范学院创办“国语专修科”。1946年作为“台湾国语推广运动委员会”主任委员，为台湾地区倡导国语竭尽全力，使台湾地区成为我国最早普及汉语国语的省份。解放后，他为汉字改革和语文教育的普及作出了重大贡献。主持编纂的《新华字典》，是新中国成立以后影响最为广泛和深远的一部纯正的现代汉语字典，曾受到周恩来总理的充分肯定和高度赞扬，其发行量也创造了世界之最。

魏建功教授在“五四”运动后积极参加新文化、新思想运动，并积极从事民俗学和民间文学的搜集、整理和研究工作，曾在鲁迅主编的刊物上发表不少杂文类文章。

主要著作：《古音系研究》、《十韵汇编》（与罗常培等合编）、《新华字典》（主持编纂）等。主要著作收入《魏建功文集》。

魏建功

1. 1927年任朝鲜京城帝国大学法文学部中国语讲师时的魏建功先生（右二），偕夫人王碧书（右三）与日本青年教师天野利武夫妇游汉江时合影。

2. 1932年魏建功先生（二排右三）与章太炎先生等在北大二院合影。前排右起：朱希祖、钱玄同、章太炎、刘半农、马裕藻。

3. 1935年魏建功先生（左一）任北大中文系副教授时，与罗常培教授（左二）、吴晓铃（左三）、周祖谟（后立者）等在中山公园合影。

1

2

3

1

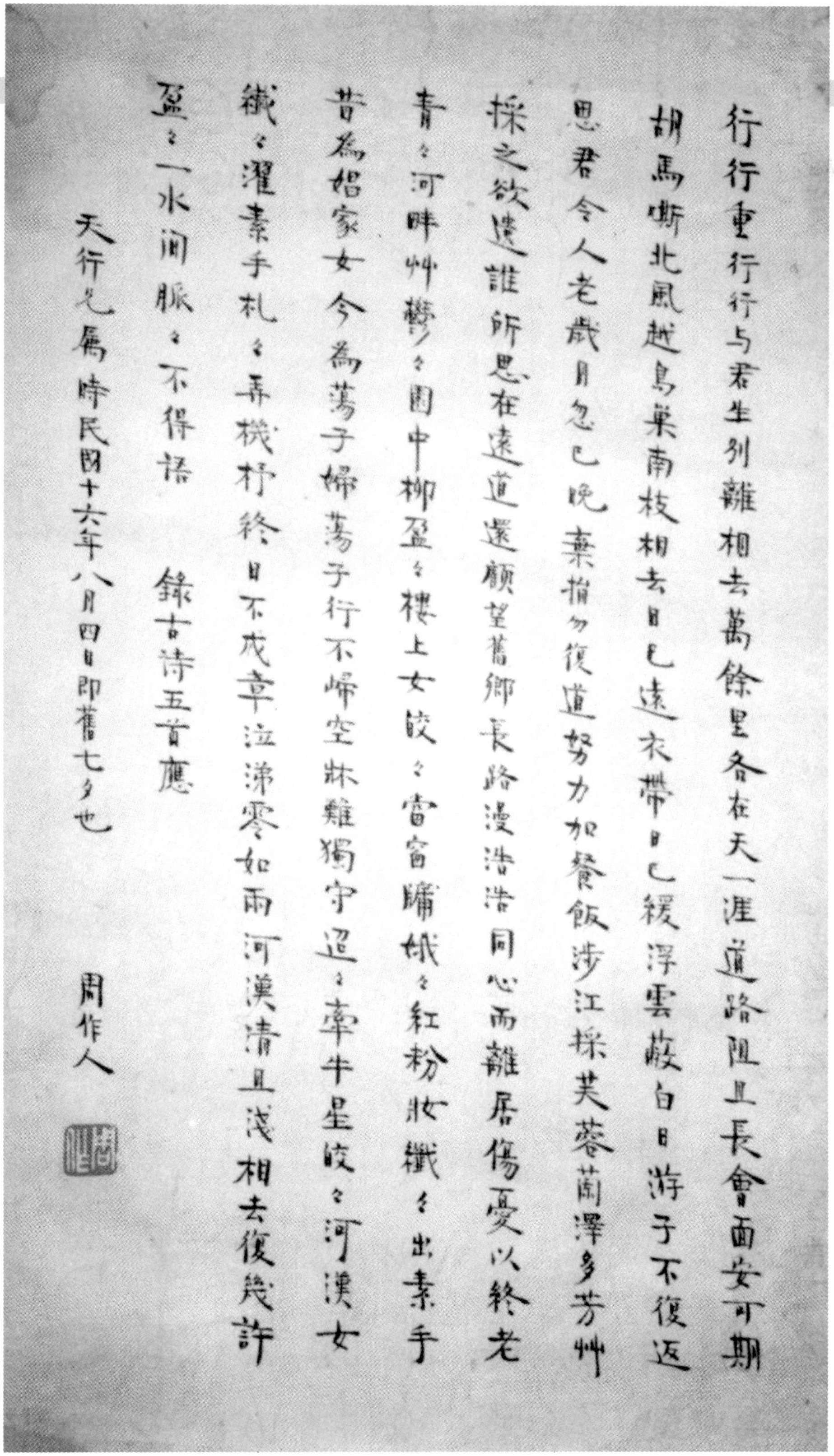

行行重行行与君生别離相去萬餘里各在天一涯道路阻且長會面安可期
胡馬嘶北風越鳥巢南枝相去日已遠衣帶日已緩浮雲蔽白日游子不復返
思君令人老歲月忽已晚棄捐勿復道努力加餐飯涉江採芙蓉蘭澤多芳艸
採之欲遺誰所思在遠道還顧望舊鄉長路漫浩浩同心而離居傷憂以終老
青々河畔艸鬱々園中柳盈々樓上女皎々當窗牖娥々紅粉妝纖々出素手
昔為倡家女今為蕩子婦蕩子行不歸空牀難獨守迢々牵牛星皎々河漢女
纖々濯素手札々弄機杼終日不成章泣涕零如雨河漢清且淺相去復幾許
盈々一水间脈々不得語　錄古詩五首應
天行兄屬時民国十六年八月四日即舊七夕也　周作人

2

1. 周作人先生诗赠魏建功教授。

2. 周恩来总理签署的国务院给魏建功教授的任命书。

魏建功

1

北京大学中國語言文学系漢語文学专業語言学专業
一九五五年度畢業同学和教师欢别攝影紀念 一九五五.九.四.

2

3

1. 1955年10月魏建功教授参加“全国文字改革会议”，此为通过大会决议代表们举手表决时的留影。

2. 1955年9月4日，魏建功教授（二排左十）、王力教授（二排左八）、游国恩教授（二排左七）等与1955年度北大中文系汉语文学、语言学等专业的毕业生合影留念。

3. 1939年魏建功先生与夫人王碧书及长子魏至、长女魏乃在昆明合影。

1

2

3

1. 20世纪70年代后期，魏建功教授和夫人王碧书合影于燕南园寓所前。

2. 1956年7月，魏建功教授（三排右七）出席在青岛召开的“语法座谈会”，与会议者合影。前排左起有：刘大年、丁声树、陆志韦、王力、潘梓年、罗常培等教授。

3. 1956年6月，毛泽东、周恩来、朱德、邓小平等国家领导人接见参加拟制全国长期科学规划工作会议代表时合影。四排左二为魏建功教授。

魏建功

1. 1973年赵元任教授偕夫人杨步伟访问北京大学时合影。左起：赵元任、严仁赓、袁家骅、魏建功、杨步伟、朱德熙（右五）、周培源（右三）等。

2. 1979年魏建功教授在燕南园寓所工作。

3. 章炳麟先生书赠魏建功教授的条幅。

1

2

1. 2001年8月纪念魏建功先生百年诞辰暨《魏建功文集》出版学术研讨会在北大举行。

2. 2001年8月《纪念魏建功先生百年诞辰展》在北京大学图书馆“北京大学文库”展出，参观者在签名。

魏建功

20世纪70年代后期，魏建功教授在北大未名湖边。

风采

周培源

周培源（1902.8.28–1993.11.24）江苏宜兴人。著名流体力学家、理论物理学家、教育家和社会活动家。1955年当选为中国科学院学部委员（院士），我国近代力学和理论物理的奠基人之一。

他出身于书香门第，父亲周文伯是清朝秀才。周培源中学时期在上海圣约翰大学附中求学。1919年考入清华学校（今清华大学前身），1924年毕业。后赴美国芝加哥大学学习，1926年获学士、硕士学位。1927年到美国加利福尼亚州理工学院继续学习，在当时美国的名教授E.T.贝尔的指导下，1928年获理学博士学位。因其学业与科研成果特别优异而获得该学院的“最高荣誉奖”，其论文获得加州理工学院博士学位最佳论文奖。同年赴德国莱比锡大学学习，在海森伯（W.K.Heisenberg）教授指导下从事量子力学的研究。1929年在瑞士苏黎世联邦工业大学，在泡利（W.Pauli）教授指导下从事理论物理研究。同年回国，在清华大学物理系任教授。1936–1937年在美国普林斯顿高等研究院参加爱因斯坦（A.Einstein）教授主持的广义相对论讨论班，并从事相对论引力论和宇宙论的研究。1937年回国，任长沙临时大学、西南联合大学物理系教授，并从事流体力学湍流理论方面的科学研究。1943年—1946年他再次去美国，先在加利福尼亚州理工学院进行流体力学湍流理论方面的科学研究，后在美国国防委员会战时科学研究与发展局、海军军工试验站从事鱼雷投入水的战时科学研究。1946年赴英国出席牛顿300周年纪念会、国际科学联合会理事会，并到法国参加了国际应用力学大会，当选为国际理论与应用力学联合会理事。1947年回国，先后任清华大学物理系教授、教务长、校务委员会副主任等职。1952年全国高等学校院系调整，到北京大学任教，历任北大教授、教务长、副校长、中共北京大学党委副书记、校长等职。1955年当选为中国科学院学部委员（院士）、常务委员。1959年加入中国共产党。1958—1986年任中国科学技术协会书记处书记、副主席、主席，1986年后任名誉主席；1951—1982年任中国物理学会理事长，1982年后任名誉理事长；1957—1986年任中国力学学会副理事长，1986年后任名誉理事长；1978—1981年兼任中国科学院副院长、主席团成员；在此期间，还兼任世界科学技术协会副主席，中国国际科技促进会会长，欧美同学会名誉会长，中国人民外交学会副会长，中国人民争取和平与裁军协会会长，九三学社中央委员会副主席、主席，全国人大常委，全国政协常委、副主席。1980年获美国普林斯顿大学名誉法学博士学位，1980年和1985年两次获得美国加利福尼亚州理工学院“具有卓越贡献的校友”奖。

周培源在学术上的成就，主要为物理学基础理论的两个重要方面，一为爱因斯坦广义相对论中的引力论和宇宙论，二为流体力学中的湍流理论的研究。

在广义相对论方面，周培源一直致力于求解引力场方程的确定解，并应用于宇宙论的研究。早在二、三十年代，他就求得了轴对称静态引力场的若干解与静止场不同类型的严格解，并于1939年证实，在球对称膨胀宇宙中，若物质和辐射处于热平衡态，则宇宙必为弗里德曼宇宙。70年代末，他又把

1

2

1. 学生时期的周培源（1920年）。

2. 在清华学校读书时周培源（左二）与同学讨论问题，左三为孙立人，右侧戴眼镜者为梁思成。

周培源

严格的谐和条件作为一个物理条件添加进引力场方程，求得一系列静态解、稳态解及宇宙解。还指导研究生进行了与地面平行和垂直的光速比较实验，以探求史瓦西解和郎曲斯解哪一个更符合静态球对称引力场的客观实际。初步结果已显示出，郎曲斯解与实际相符。80年代，周培源致力于广义相对论的基本问题，即经过坐标变换联系起来的几个解，究竟应该是一个解还是几个解，他对照流体力学中保角变换，认为这种情形应该是几个解而不是一个解。产生这种不确定的原因在于爱因斯坦方程缺少必要的坐标条件。

在湍流理论方面，30年代初，他认识到湍流场和边界条件关系密切，后来参照广义相对论中把质量作为积分常数的处理方法，求出了雷诺应力等所满足的微分方程，并希望能把边界的影响通过边界条件引入雷诺应力的表达式中。1940年，他写出了第一篇论述湍流的论文，该文在国际上第一次提出湍流脉动方程，并用求剪应力和三元速度关联函数满足动力学方程的方法建立了普通湍流理论，从而奠定了湍流模式理论的基础。根据这一理论对若干流动问题做了具体计算，结果与实验符合得很好。1945年，他在美国的《应用

1

2

California Institute of Technology
upon Recommendation of its Faculty has conferred on
Pei-Yuan Chou
the degree of
Doctor of Philosophy
summa cum laude
in recognition of his attainments in science and ability in research as shown by his investigations in General Relativity and by pursuit of advanced studies in Mathematics and Theoretical Physics

3

1. 1928年周培源在美国加州理工学院获博士学位，导师为当时美国的名教授E.T.贝尔。

2. 1928年6月8日，周培源获加州理工学院博士学位最佳论文奖的证书。

3. 1921——1923年周培源（右三）多次获得校运动会的比赛冠军，这是他正参加高校运动会短跑项目比赛。

数学季刊》上，发表了题为《关于速度关联和湍流涨落方程的解》的重要论文，提出了两种求解湍流运动的方法，立即在国际上引起广泛注意，进而在国际上形成了一个“湍流模式理论”流派，对推动流体力学尤其是湍流理论的研究产生了深远的影响。50年代，他利用一个比较简单的轴对称涡旋模型作为湍流元的物理图像来说明均匀各向同性的湍流运动，并根据对均匀各向同性的湍流运动的研究，分别求得在湍流衰变后期和初期的二元速度的关联函数、三元速度关联函数。之后，他又进一步用“准相似性”概念将衰变初期和后期的相似条件统一为一个确定解的物理条件，并为实验所证实。从而在国际上第一次由实验确定了从衰变初期到后期的湍流能量衰变规律和泰勒湍流微尺度扩散规律的理论结果。80年代，他又将这些结果推广到具有剪切应力的普通湍流运动中去，并引进新的逼近求

1. 年轻有为的两教授，是同事，也是好友，周培源教授与陈岱孙教授（左）在一起。

2. 1932年6月18日，周培源与王蒂澂，才子佳人，喜结良缘。

1

2

周培源

1. 20世纪30年代清华大学的一代精英。左起：施嘉炀、钱端升、陈岱孙、金岳霖、周培源、萨本栋、张奚若（1931年摄于清华大学北院）。

2. 西南联大时期的教授之家。后排左起：周培源、陈意、陈岱孙、金岳霖；前排左起：林徽因、梁再冰、梁从诫、梁思成、周如枚、王蒂澂、周如雁。

解方法，以平面湍射流作例子，求得平均运动方程与脉动方程的联立解。经过半个世纪不懈努力，周培源的湍流模式理论体系已相当完整。

周培源教授从事高等教育工作60多年，学生遍及海内外，早期学生中王竹溪、彭桓武、林家翘、胡宁等都成为著名的科学家。他在教学过程中积累了丰富的教学和办学经验，形成了自己的教书育人风格和办学思想、办学理念。其中最突出的是以他自己的学识、见解和治学、做人之道等人格魅力，被人们称为“桃李满园的一代宗师”。

1. 1943年钱学森（左四）等在周培源家聚会时在门前合影。右三为周培源教授。

2. 1949年陈毅将军参观清华大学，周培源教授与陪同参观的校领导合影。前排右起：吴晗、陈毅、张奚若、叶企孙、后排右起：周培源、张子高、潘光旦。

3. 1957年时的周培源教授。

作为杰出的社会活动家，周培源积极开展国际科技交流，争取裁军和世界和平，为繁荣我国的科技教育事业呕心沥血、孜孜不倦，赢得了国内外广大科技工作者的敬仰，被人们赞之为科学家的表率和楷模，“和平老人”，“杰出的民间外交家”。

主要论著和译作有：《理论力学》、《空间、时间和引力的理论》、《周培源科学论文集》、《周培源文集》等。

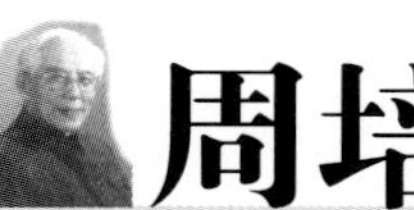

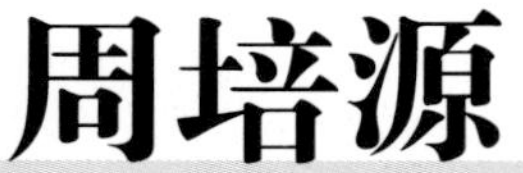

周培源

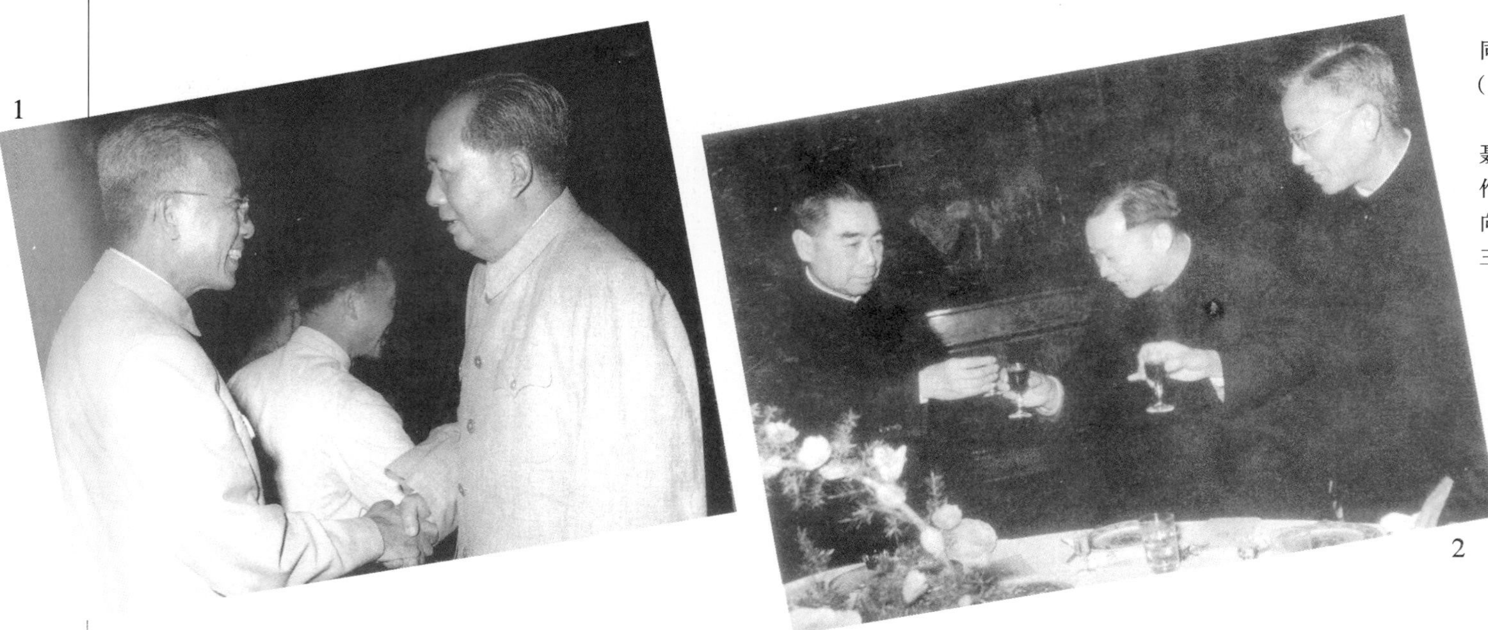

1. 1960年毛泽东同志接见周培源教授（左一）。

2. 1962年在陈毅、聂荣臻招待首都科技工作者的晚宴上，周总理向周培源（右一）、钱三强（右二）敬酒。

3. 1973年毛主席接见杨振宁（右一），有周总理、周培源（左二）作陪。

1

2

3

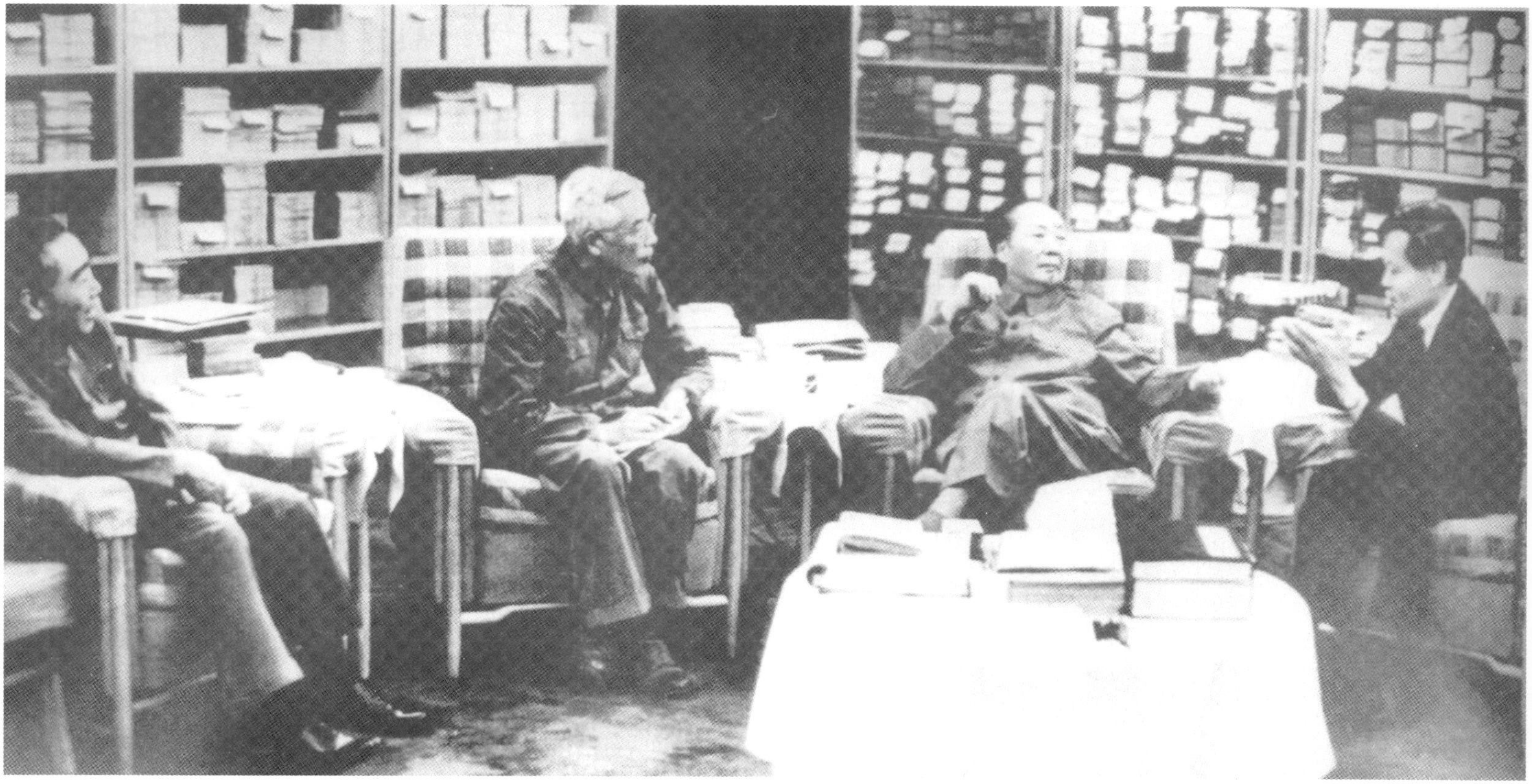

1

3

2

1. 1964年周培源教授在汉中时的留影。

2. 1973年10月，周培源教授（右）接待英国前首相麦克米伦参观北京大学。

3. 1973年周培源教授（左一）陪同赵元任夫妇（右一、右二）重游北京北海公园。

周培源

1

2

3

1. 1979年周培源教授在爱因斯坦诞辰100周年纪念大会上作报告。

2. 1980年周培源教授（前排右二）被授予普林斯顿大学名誉法学博士学位。

3. 1980年8月周培源教授赴多伦多出席第十五届国际理论与应用力学会议，与顾毓琇（右）、许为厚（左）合影。

1

1. 1980年3月，在中国科协第二次全国代表大会上，邓小平与周培源教授（左一）亲切交谈。

2. 1980年和1985年周培源教授（左二）两次荣获加州理工学院荣誉校友称号和具有卓越贡献的校友奖。

3. 周培源教授（左）到农村考察，与农民交谈。

2

3

周培源

1. 1983年在新加坡亚洲物理讨论会上周培源教授（右）与杨振宁教授合影。

2. 1986年6月周培源教授（左）与继任中国科协主席的钱学森教授亲切交谈。

3. 1986年周培源教授在家中与亲自指导的最后一批研究生合影；左起：李永贵、黄超光、王蒂澂、周培源、刘宏亚、朱宁。

1

2

3

1　　2 　　3

1. 1987年3月周培源（中）与钱伟长、费孝通（右）合影，他们是师生、同事、老友，同为全国政协副主席。

2. 1987年在美国纽约周培源教授（右）与吴健雄（中）、袁家骝夫妇再次相聚。

3. 中国物理学界的两代精英：从右至左为周培源、赵忠尧、朱洪元、钱三强。

周培源

1

2

1. 湍流四巨头，左起：Dr.J.C.Rotta、Prof.A.Walz、谷太郎教授、周培源教授。

2. 1992年6月1日，吴大猷教授（右）向周培源教授祝寿。

1

2

1. 1992年6月1日在庆贺周培源教授90寿辰大会上，周培源教授与陈省身教授在一起亲切交谈。

2. 1992年6月1日，周培源教授在为祝贺周培源90寿辰而举办的国际流体力学与理论物理科学讨论会开幕式上发言。前排左起：杨振宁、周培源、吴大猷、李政道。

1992年江泽民等党和国家领导人在钓鱼台国宾馆接见出席中国当代物理学家联谊座谈会的科学家。前排左起：李鹏、周培源、江泽民、严济慈、杨尚昆、吴大猷。

风采

冯　定

冯定（1902.9.25–1983.10.15）原名冯稚望，笔名贝叶、北泽，又名冯季定。浙江慈溪（现为宁波市江北区慈城镇）人。马克思主义哲学家和教育家。中国科学院哲学社会科学部委员。

他出生于一个手工业工人家庭，虽家境清贫，但因冯家原为慈城的千年望族，受族人影响，从小用功读书，小学毕业后，于1916年到宁波浙江省立第四师范学校学习，1920年毕业，考入宁波交易所当会计。1921年在上海商务印书馆当古文编辑。在此期间，他借助商务印书馆的条件，广泛涉猎各方面的知识，写各种文体的文章，并自学英语和俄语，翻译一些小品，其文学造诣、理论素养、写作能力和外语水平显著提高，为以后从事理论宣传工作打下了坚实的基础。1926年加入中国共产党。1927年3月加入国民党，曾先后

1

2

1. 青年时期的冯定。

2. 1941年11月18日，冯定同志在新四军军部，陈毅、张云逸与四师九旅干部合影。右起：朱茂绪、张爱萍、张云逸、冯定、陈毅、韦国清、张震、彭雪枫等。

任杭州国民党浙江省党部秘书，国民党宁波市党部秘书，国民革命军第六军政治部训练股长等职。同年赴莫斯科中山大学学习。1930年回国，先后在上海和北方从事党的地下工作。1936年初，任中共江苏省委宣传部干事兼党刊《真理》主编。1937年他的第一部著作《青年应当怎样修养》作为《青年自学丛书》在上海生活出版社正式出版。1938年10月调任安徽省皖南新四军政治部宣传科长，兼《抗敌报》主编。1940年先后任苏北抗日军政学校副校长，抗日军政大学第五分校副校长等职。1942年调往华中局党校任教，后任新四军第四师、淮北区党委宣传部长。1945年任华中分局宣传部副部长，1947年任华东局（先在山东，后在上海）宣传部副部长。1949年5月《平凡的真理》作为《新青年自学丛书》由三联书店出版，这部著作被誉为50至60年代流传最广、进步青年最为喜爱的一部马克思主义哲学的通俗读物。1952年任华东军政委员会文化教育委员会副主任。同年年底任中央马列学院第一分院副院长。1955年当选为中国科学院哲学社会科学部委员。1957年由毛泽东提名调北京大学任哲学系教授，从事教学、培养青年教师和研究生工作。历任北京大学党委副书记、哲学系主任、副校长、顾问等职。还兼任全国伦理学会名誉会长，中国辩证唯物主义研究会顾问，北京哲学会会长，全国政协第二、三、四届委员、第五届常委等职。

冯定教授毕生从事哲学、马克思主义伦理学研究，注重辩证唯物主义和历史唯物主义与中国革命

1956年至1957年冯定教授在中央马列学院第一分院任副院长，这是他1956年在马列学院第一分院礼堂前留影。

冯 定

1. 解放前冯定在上海进步刊物上发表文章，宣传马列主义。这是载有冯定文章的部分杂志。

2. 1957年访苏时，冯定教授（二排左四）与国际友人合影。

问题的结合运用，对传播马克思主义哲学和培养青年一代做出了重要的贡献。20世纪30年代，冯定在进步刊物上发表了大量的哲学论文，同时撰写了指导青年道德修养的专著，形成了自己最主要的哲学特色：不把马克思主义哲学当成单纯的书斋哲学，致力于马克思主义哲学的应用。抗日战争和解放战争期间，撰写了不少论述党的政策和马列主义理论的文章。解放前夕所写的《平凡的真理》，是一部有一定理论深度的通俗哲学读本，结合生理学、心理学、教育学、社会学、政治学等内容，进行哲学理论的阐发，在青年和干部中产生了广泛的积极影响。20世纪50年代初到文革前，对自己多年的哲学成果进行了系统的理论总结和深入阐述，收获颇丰。文革结束后，投入到新时期的理论宣传和理论建设工作中，发表论文20余篇。在哲学研究中，注重研究中国革命的逻辑，注意从中国的实际出发，用中华民族固有的思维和表述方式，历史地辩证地阐述分析现实生活问题。对于人生哲学，把道德问题作为马克思注意哲学的一个有机组成部分，认为正确的宇宙观决定了人们对人生的科学见解，主张把世界观和人生观融为一体。

主要著作：《青年应当怎样修养》、《平凡的真理》、《共产主义人生观》、《人生漫谈》、《中国共产党怎样领导中国革命》、《工人阶级的历史人物》等。发表论文100余篇，重要的有：《新哲学是科学的哲学》、《论自然哲学与历史哲学》、《论新人生观》、《关于掌握资产阶级性格并和中国资产阶级的错误思想进行斗争的问题》、《关于我国当前阶级矛盾的性质和斗争形式》、《谈马克思列宁主义普遍真理和民族特点相结合的原则》等。

1

2

3

1. 1957年访苏时，冯定教授在博物馆内参观。

2. 1957年冯定教授率团访问苏联，在莫斯科大学演讲。

3. 夜读——冯定教授在马列学院第一分院时期。

冯　定

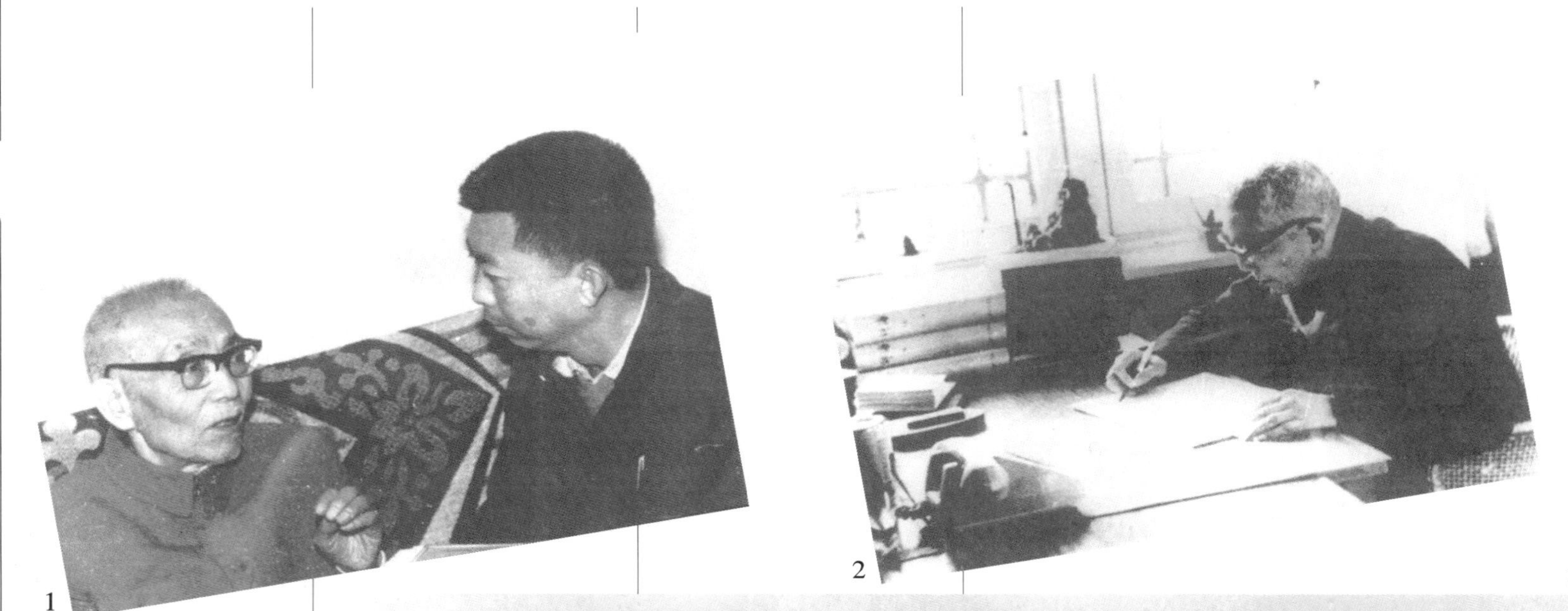

1. 1981年冯定教授长子冯贝叶（右）向父亲请教自然辩证法问题。

2. 20世纪70年代冯定教授在家中写作。

3. 1978年冯定教授（右二）与北大78级哲学系学生亲切交谈。

1

2

3

1. 1979年冯定教授（右三）与哲学系师生座谈。

2. 1980年冯定教授参观红岩革命纪念馆。

3. 1981年春节，冯定教授（后排右三）全家在一起。

冯　定

1　　2　　3　　4

1. 冯定教授注意对孩子进行革命传统教育，1955年与长子冯贝叶在八宝山革命烈士纪念碑前合影留念。

2. 工作之余，冯定教授（左二）与孩子们在一起。

3. 冯定教授的部分著作。

4. 晚年的冯老与长孙在一起。

风采

江泽涵

江泽涵（1902.10.6—1994.3.29）安徽旌德人。数学家。中国科学院学部委员（院士），我国近代数学先驱者之一。

他出生在皖南的一个偏僻山村，幼年进过私塾，后又上了小学，成绩优异。1919年夏，考入南开中学二年级，只用了三年时间就修完了中学课程。1922年秋升入南开大学数学系，师从著名的数学家姜立夫教授，1926年大学毕业。后随师姜立夫教授到厦门大学任助教，在姜立夫教授的言传身教中，他在治学、办教以及为人处世诸方面都深受教益。1927年考取清华选派留美专科生，公费赴美国哈佛大学研究院数学系学习。他勤奋学习，一年级结束时就取得硕士学位，并获得“约翰·哈佛学侣”的荣誉称号。在他的导师著名的数学家莫尔斯（M.Morse）的指导下，1930年获得哈佛大学博士学位。随后接受著名的拓扑学大师莱夫谢茨（S.Lefschetz）的聘请，到普林斯顿大学做S.莱夫谢茨的研究助教，跟随这位大师研究不动点理论，开始了纯代数拓扑学的研究。1931年夏回国，被聘为北京大学数学系教授，1934年起任北大数学系主任，直至1952年。他是中国数学会的创建者之一，1935年中

1

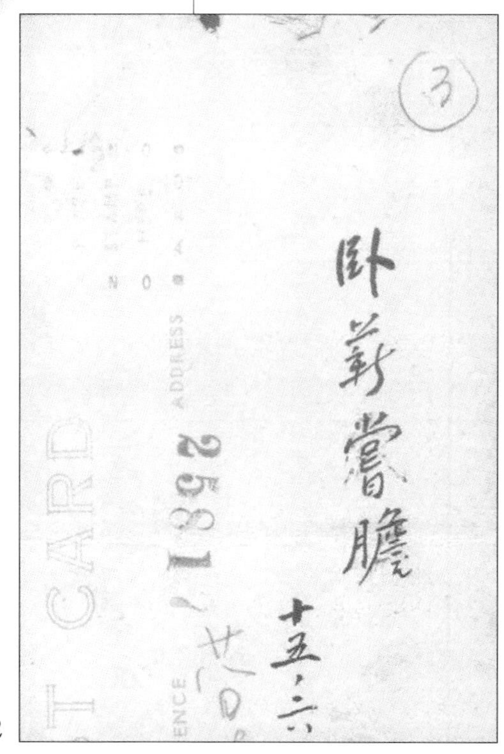

2

3

1.2. 1926年6月江泽涵先生毕业于南开大学数学系，照片背后有自题“卧薪尝胆”。

3. 1930年6月江泽涵先生取得哈佛大学博士学位后，应邀在普林斯顿大学做研究工作。这是他1931年5月在普林斯顿留影。

1

2

1. 1935年江泽涵教授在北京大学与著名学者申又枨（右二）、蒋东斗（右三）、陈同度（左一）的合影。

2. 1936—37年江泽涵教授去美国普林斯顿高等研究所进修一年。1937年5月离美途经欧洲，于1937年6月10日在卢森堡公园与著名数学家吴大任夫妇（右一、二）合影。

3. 1936年4月江泽涵（后右一）和夫人蒋守方（后左一）与三个孩子（丕桓、丕栋、丕权）在北京景山东大街寓所前合影。

3

国数学会成立，当选为副理事长，一直连任到1983年，1983年起任名誉理事长。1936年—1937年到美国普林斯顿高级研究院进修一年。抗日战争期间，随北大迁到昆明，任西南联大数学系教授兼系主任。1941年兼任中央研究院数学研究所兼职研究员。1946年随北大迁回北平，任北京大学理学院代理院长。1947—1949年在瑞士苏黎世高等理工学院做研究工作，在那里得到著名的拓扑学家H.Hopf的指导。中华人民共和国成立之初，他克服重重阻挠，并冒险乘船到天津，回到北京大学任教授直至去世。1955年当选为中国科学院学部委员（院士）。在此期间，还兼任中国科学院数学研究所筹备处副主任，北京市数学学会理事长、名誉理事长等职。还是第三、四、五届全国政协委员，第七届北京市

江泽涵

人大代表，美国数学会和法国数学会会员。

江泽涵教授是我国最早的拓扑学家。从1926年大学毕业到1986年退休，在数学科研教育战线上努力奋斗了整整六十年，为我国的数学研究和教育事业做出了杰出的贡献，在莫尔斯临界点理论、复叠空间、纤维丛以及不动点理论等重要分支上都作出了重要贡献。

他的研究工作始于临界点理论的研究，他在哈佛大学攻读博士学位时就把莫尔斯（M.Mors）的临界点理论直接应用到分析学中去，得到关于调和函数的临界点状况等许多有趣的结果。从抗战时期到50年代，他的主要工作在复叠空间和纤维丛的研

1. 1936年北京大学数学系教授与在北大任教的美国哈佛大学奥斯古（W.F.Osgood）教授在北大理学院前合影。左起：赵淞、冯祖荀、奥斯古、申又枨、江泽涵。

2. 1936年江泽涵教授（左一）在北京大学与奥斯古（W.F.Osgood）教授（右二）、友人樊际昌（左二）、张景钺（右一）合影。

3. 1952年江泽涵教授与老师姜立夫教授（右）在燕南园寓所合影。

1

2

3

1

2

究，为这些理论的发展做了大量奠基性的工作。

不动点理论方面的研究，是他最有影响的工作。不动点理论是20世纪数学发展中的重大课题之一。早在30年代，他就开始了对这个问题的研究，他最早发表的论文是关于不动点理论（1931年），30年代初，已有Lefschetz定理和Nielsen定理，江泽涵教授在扩大Nielsen理论的适用范围方面做了不少工作。60年代初他倡导不动点类理论的研究，带领学生们再次致力于Nielsen不动点理论的研究。他和他的学生姜伯驹、石根华在多方面开展了研究工作，他和姜伯驹一起提出自映射的伦型概念，证明尼尔森数具有伦型不变性。在他的指导下，姜伯驹和石根华又先后在尼尔森的计算和尼尔森数的实现等问题上取得突破性的成果，得到国内外数学界的很高评价，被认为是"目前国际上关于不动点理论的最新成果"，"打破了50年来这门学科研究长期停滞不前的状态"，称他们是拓扑学的一个"新的中国学派"。为此，1978年江泽涵与姜伯驹、石根华一起，以他们在不动点理论方面的研究工作获得了全国科学大会奖。经过数年努力，于1979年出版了《不动点类理论》，后他又把此书翻译为英文，1989年出版，得到国际上很高评价。

他是把拓扑学引进中国的第一人，并且一贯以主要精力从事拓扑学的教学和研究工作，在推动中国拓扑学的教学方面始终走在前面。他数十年如一日严谨治学，培育人才，50年代后，他把主要精力投身于拓扑人才的培养工作，为我国拓扑界培养了一支拓扑专门人才的核心队伍，为此作出了很大的贡献。他关心我国数学事业的发展，为此倾注了他大量的心血，

1. 1949年3月江泽涵教授（左）与德国著名数学家Sperner合影。

2. 1946年6月在昆明西南联大，江泽涵教授全家合影。前排江泽涵夫妇，后排左起：江丕权、江丕桓、汪裕成、江丕栋。

江泽涵

特别对北大数学系的建设起了巨大作用，为北大数学系成为师资雄厚、学科门类齐全、教学质量和学术水平跃居国内前列的系奠定了坚实的基础。江泽涵教授为我国数学界的一代宗师，为我国的数学事业的发展作出了不可磨灭的贡献。

他的主要著作和译作有：《拓扑学引论》、《点集拓扑学初步》、《不动点类理论》、《多面形的欧拉定理和闭曲面的拓扑分类》、《几何基础》（第一分册）、《同调论》（上）、《拓扑学》、《拓扑学的首要概念》（校对）、《连续映射的和矢量场的同伦理论》、《古今数学思想》等。在《数学泰斗　世代宗师》中收集了他的主要论文。

1

2

3

1. 1948年9月在法国，江泽涵教授（中）与著名学者吴文俊（右一）、严志达（左二）、余家荣（右二）、金星南（左一）合影。

2. 1948年2月9日（阴历除夕），江泽涵教授在瑞士苏黎世留影。照片背后自题“天生我材应有用”，“努力加鞭”，表达了江泽涵教授的志向。

3. 1951年8月15-20日中国数学会第一次代表大会在北京举行，此为与会代表合影。会议选举了华罗庚教授为理事长，江泽涵教授为副理事长。

1. W.Hurewicz 和 W.Wall－man著《维数论》（美国普林斯顿大学出版社,1941年出版）。此书是当时任驻美大使的胡适先生给江泽涵教授买的，后把硬书皮撕去，用航空快件邮寄到昆明给江泽涵教授，并写上了几句话：“我不懂数学，这本新版的书相信对泽涵有用”。后江泽涵在昆明把它装了一个硬书皮。这本书在当时数学系同事中传阅。

2. 1977年9月江泽涵教授（前右二）和陈景润教授（二排右二）与青少年科学爱好者在一起。

江泽涵

1. 1965年5月江泽涵教授（前排右三）全家三代人在北京颐和园合影。

2. 1974年9月，在中国科学院数学所门外，江泽涵教授与南开大学著名数学家吴大任教授（左）合影。

3. 1979年9月江泽涵教授（站立者）参加在故乡安徽旌德县的三好学生代表座谈会，参加会的还有吴文俊教授（坐者右二）。

1

2

1. 1984年江泽涵教授在书房看书。

2. 1982年10月江泽涵教授与夫人蒋守方在燕南园51号寓所前合影。

1983年的江泽涵教授。

1

2

3

1. 1983年11月江泽涵教授在北京大学。

2. 1985年6月江泽涵教授在燕南园51号寓所前留影。

3. 1987年4月4日清华大学校庆，江泽涵教授与周培源教授（右）在清华大学工字厅亲切交谈。

1964年江泽涵教授的三位老师和赵忠尧合影于北大燕南园5号。左起：姜立夫夫妇、邱宗岳、饶毓泰、赵忠尧。

风采

王重民

1

1. 1941年王重民在上海。

2. 1936年6月17日，闻一多致王重民信件。

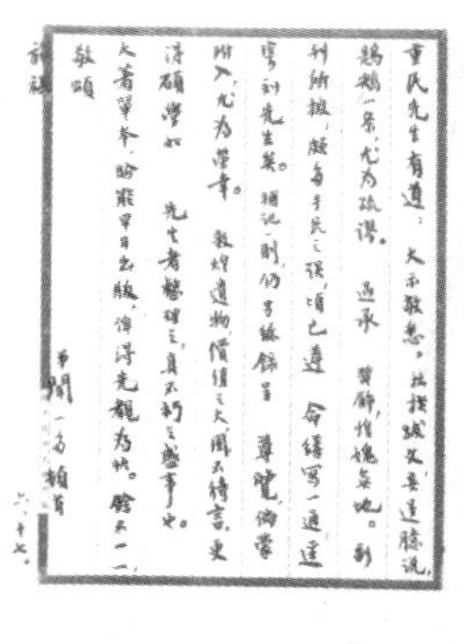

2

王重民（1903.1.23—1975.4.16）原名鉴，字有三，号冷庐，河北高阳人。目录学家、图书馆学家和文献学家。北京大学图书馆学系（今信息管理系的前身）的创始人。

王重民1920年升入保定直隶第六中学。1924年考入北京高等师范学校（今北京师范大学）国文系，边学习边在北海图书馆（北平图书馆前身）兼职，学业优良，深受其师高步瀛、杨树达、陈垣等著名学者的器重，当时陈垣教授有得意弟子三人，号称“河北三雄”，王重民就是其中之一。他1928年以优异成绩毕业，受北海图书馆馆长袁同礼之聘任该馆编纂委员兼索引组组长，兼任河北大学国文系主任一年。1934年被北平图书馆派赴法国巴黎国立图书馆考察研究。1938年又被转派伦敦大英博物馆图书馆。1939年到美国国会图书馆东方部鉴定和整理中国古籍善本。在国外十余年间，他遍访法、英、德、意、美各国著名图书馆，致力于中国古籍善本的整理研究，并对流失国外的敦煌遗书、太平天国文献、明清之际来华天主教士的译述等珍贵文献进行了重点而系统的整理和研究。1947年2月底回国后，任北平图书馆参考部主任，兼北京大学中文系教授。办正规的图书馆学系科，这是他在周游法、德、意、英、

1

美等国进行学术考察目睹西方图书馆事业的繁荣、图书馆事业比较发达后而促使他考虑到中国的图书馆教育。他不失时机，在征得当时任北京大学校长的胡适教授的同意后，在中文系附设了图书馆科，招收中文、历史、哲学、教育等系毕业或肄业、而有志于图书馆工作的学生，学习图书馆课程两年，然后到大型图书馆工作。虽然图书馆科只办了两年，却完成了他从事图书馆教育的理念。1948年底任北平图书馆代馆长。1949年北平和平解放后，被中央人民政府任命为北京图书馆副馆长。同年7月

2

1. 1936年王重民在巴黎法国国家图书馆书库中，阅读敦煌卷子。

2. 1936年王重民在巴黎法国国家图书馆书库内取阅藏敦煌卷子的匣子。

王重民

建成独立建制的北京大学图书馆学专修科。1951年7月，经教育部批准，改专科为本科，第一次在北大创建了图书馆学系，实现了他多年的意愿。1952年北京大学迁往西郊，从此他专任北京大学图书馆学系教授、系主任，先后开设和主讲了“普通目录学”、“中国目录学史”、“书目与参考工作”、“历史书籍目录学”等一系列课程。

王重民教授在文献学领域取得了杰出的学术成就。他毕生好学，勤奋著书，研究领域既广博又专深，一生涉足目录学、版本学、敦煌学、方志学、历史文献学、科技史等诸多领域，尤长于目录学，对图书馆学亦有很深的造诣，是公认的敦煌学研究大家，是我国最早重视和倡导索引编纂的少数先驱者之一，是博览古今、胸怀百家的中国目录学和文献学大师。在这些方面成就卓著，成果丰硕，著述很多。他的《中国善本书提要》与《中国善本书提要补编》，反映了中国古籍善本书达5620种之多，是公认的古籍目录提要力作；他的《校雠通义通解》、《中国目录学史论丛》等著作，被视为中国目录学史研究的经典之作；他的学术文集《图书与图书馆论丛》和《冷庐文薮》，

1

2

3

1. 1936年王重民与刘修业在罗马斗兽场遗址前合影。

2. 1937年4月，王重民先生与刘修业女士在巴黎结婚。

3. 1937年 王重民（右一）在英国与夏鼐等阅报。

他发表于学术期刊上的大量学术论文，以及他编辑整理的《太平天国官书》、《徐光启集》，都受到文献学界的高度评价。他在敦煌学方面的主要成果有《敦煌古籍叙录》；他主持编纂的索引有《国学论文索引》初编、续编、三编，《清代文集篇目分类索引》、《老子考》等；还有《敦煌变文集》、《敦煌曲子词集》、《补全唐诗》、《敦煌遗书总目索引》、《敦煌遗书论文集》等，这些成果仍被学术界频繁使用，在这方面取得了里程碑式的成绩。

2

1

1. 1943年王重民（左一）在美国国会图书馆鉴定善本书。

2. 20世纪40年代，王重民在巴黎艾菲尔铁塔上。

王重民

1951年9月11日，中央人民政府南方老根据地访问团闽浙赣分团第二分队全体同志留影，二排右六为王重民教授。

1

2

3

1. 1954年王重民教授（一排左三）与北京大学图书馆学系师生在颐和园合影留念。

2. 1957年王重民教授（前排左三）在颐和园听鹂馆饭厅前与苏联莫洛托夫图书馆学院专家雷塔娅合影留念，前排右二为刘国钧教授。

3. 20世纪60年代，王重民教授（前排右二）参加北京大学人民代表大会选举，后在办公楼礼堂前与同事们合影，前排左二为刘国钧教授。

王重民

1

2

1. 20世纪60年代的王重民教授。

2. 1957年8月13日，高等教育部图书馆工作人员进修班第一期全体学员合影，前排右六为王重民教授。

1

2

3

1. 1962年2月20日 为编写《徐光启集》王重民教授致信（左）陈垣教授，1962年3月9日陈垣教授回信（右）。

2. 王重民教授（后排左二）、向达教授（后排右二）、姜亮夫教授（前排左一）等合影。

3. 1963年8月，王重民教授（后排左一）与夫人刘修业（前排左一）和家人在颐和园留影。

王重民

1

1. 1964年王重民教授在农村。

2. 王重民教授与夫人刘修业、儿子王黎敦。

2

1

2

1. 王重民教授一家。

2. 王重民教授与夫人刘修业。

王重民

王重民教授（三排中间）与北京图书馆部分工作人员合影。

邓广铭

邓广铭

邓广铭（1907.3.16—1998.1.10）字恭三。山东临邑人。历史学家，是20世纪宋史研究的学术泰斗。

6岁入读私塾。1920年考入临邑县第一高等小学学习。1923年考入山东省第一师范学校。1931年考入辅仁大学英语系。1932年考入北京大学史学系，1936年毕业，毕业论文《陈龙川传》深得导师胡适的好评，留校任北大文科研究所助理员，与罗尔纲一起整理北京大学图书馆藏石刻拓片，在钱穆教授的指导下整理《国史大纲》初稿，同时兼历史系助教。1937年转往北平图书馆从事研究工作，1939年完成了《辛稼轩年谱》、《稼轩词编年笺注》和《稼轩诗文钞存》三部书稿，奠定了在史学界的地位。同年8月辗转至昆明，到北京大学文科研究所工作。1940年随中央研究院史语所迁至四川省南溪县李庄，编制仍在北大文研所，从事《宋史》考订工作。1942年任中国文化服务社编审，主编《读书通讯》。1943年任内迁重庆北碚的复旦大学史地系副教授、教授，讲授中国通史、宋史、历史研究法等课程。抗日战争期间，撰成《宋史职官志考证》与《宋史刑法志考证》，受到陈寅恪教授的称赞。1946年回北平，任北京大学史学系副教授、兼校长室秘书，1950年升任教授。1954年至1966年，任北大历史系中国古代史教研室主任，1978~1981年，任历史系主任，1981年任博士生导师，1979年创建北京大学中国中古史研究中心，任主任达十年之久。1980年创建中国宋史研究会，并连任三届会长。曾任中国史学会主席团成员，中国宋史研究会名誉会长，国家古籍整理出版规划小组成员，全国高校古籍整理研究工作委员会副主任、顾问，《中国大百科全书·中国史卷》编辑委员会副主任，《中国大百科全书·中国历史·辽宋夏金史》编辑委员会主任，国务院学位委员会历史学评议组成员，第五届北京市政协委员，第六届全国政协委员，全国政协文史资料委员会副主任等职。

邓广铭教授毕生从事中国古代史和宋、辽、金史的教学和研究，研究领域宽阔，学问博大精深，对宋史的研究尤其有高深造诣，是宋史研究体系的创建者，被公认为20世纪宋史研究的学术泰斗。他的宋史研究范围广泛，南北宋并重，涉及政治史、经济史、典章制度、学术文化等方面，都有开创性的建树。曾提出年代、地理、职官和目录是研究历史的四把钥匙，主张历史研究要穷尽史料，重视史料的考证鉴别。在宋史研究中以宋代人物谱传最为突出，最主要的为四传二谱：《陈龙川传》、《辛弃疾（稼轩）传》、《岳飞传》、《王安石》和《韩世忠年谱》、《辛稼轩年谱》，尤以《岳飞传》、《王安石传》用力最勤，几经删改考证。《稼轩词编年笺注》也是一部高品质的传世之作，深受好评。

对于历史文献的整理和研究，也是邓广铭教授的重要学术贡献之一。所著《宋史职官志考正》、《宋史刑法志考正》两部著作，是《宋史》成书六百年来的第一次认真清理，得到史学界的高度评价。点校出版了《陈亮集》和《涑水记闻》（与张希清合作）。在他的主持下，完成了《国朝诸臣奏议》、《三朝北盟会编》的点校工作和《宋人文集篇目索引》的编著。

除上述主要著作外，撰写学术论文200多篇，主要论文经亲自编订，结集为《邓广铭学术论著自选集》和《邓广铭治史丛稿》出版。

1

2

3

1. 1929年邓广铭在济南。

2. 1936年邓广铭在老北京大学北楼宿舍前留影。

3.1947年邓广铭先生在老北大北楼教室前留影。

邓广铭

1

2

3

1. 1977年邓广铭教授与著名词学家夏承焘教授（左）合影。

2. 1987年春，邓广铭教授（右）在日本东洋文库与日本宋史研究会会长中岛敏教授亲切交谈。

3. 1987年邓广铭教授在日本岚山。

1. 1987年邓广铭教授（右五）在日本京都大学作学术讲演。

2. 1987年邓广铭教授（左二）在日本东洋文库参加学术会议。

3. 1987年春，邓广铭教授（右）与日本著名学者斯波义信在东京。

邓广铭

1

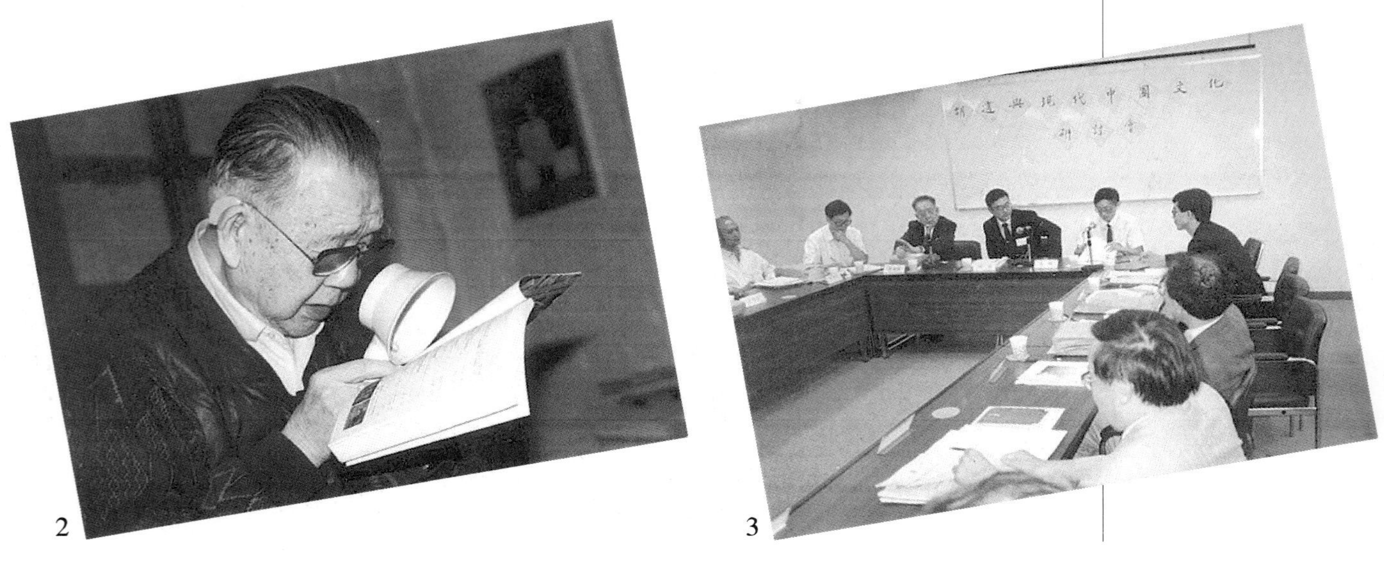

2　3

1. 20世纪90年代初，邓广铭教授（中）与林超、白占元（右二）、宿白（右一）、陈贻焮（左一）在北大朗润园合影。

2. 88岁高龄的邓广铭教授在书斋中读书。

3. 1991年10月邓广铭教授（左二）在香港中文大学胡适百年诞辰会上发言。

1. 1994年元月，邓广铭教授（中）与季羡林教授（右）、臧克家先生合影。

2. 20世纪90年代中期，邓广铭教授（前排右）和周一良教授（前排左）参加历史系会议。

3. 1995年春，邓广铭教授在北大校园中。

邓广铭

1

2

3

1. 邓广铭教授与北大老同学著名学者张中行先生（左）在一起。

2. 1997年初，邓广铭教授（右二）参加历史系的联欢活动，后在副校长郝斌（右一）等人陪同下走出会场。

3. 1995年春，邓广铭教授在北大图书馆前留影。

1997年邓广铭教授九十寿辰在北大朗润园留影。

邓广铭

1

2

1. 邓广铭教授（左一）与学生们一起探讨问题，邓老诲人不倦的精神令人难忘。

2. 邓广铭教授（右二）与著名学者启功（右一）、刘乃和、叶嘉莹在一起。

风采

吴大猷

吴大猷

吴大猷（1907.9.29—2000.3.4）字洪道。广东高要人，生于广州。物理学家，有“中国物理学之父”之誉。

1915年入番禺县立高等小学，1920年考入广府中学，1921年入读天津南开中学,1925年毕业。同年考入南开大学矿科，后转入物理系，1929年毕业，获理学士学位，同年留校任物理系教员。1930年兼任南开中学物理教员。1931年，经饶毓泰、叶企孙推荐，获“中国文化基金董事会”乙种研究奖助金，赴美国密歇根大学物理系学习，随系主任H.M.兰德尔教授进行红外光谱实验研究，1932年获硕士学位，1933年获哲学博士学位，毕业后继续留校从事研究工作。1934年归国，任北京大学物理系教授。1937年抗战全面爆发后，辗转至成都，任四川大学讲座教授。1938年秋，任西南联大理学院物理系教授，讲授电磁学、近代物理、古典力学、量子力学等课程。1944年兼任中央研究院天文研究所研究员。1946年赴伦敦，与周培源、赵元任参加英国皇家学会举行的“庆祝牛顿诞生三百年纪念大会”，活动结束后赴美。同年任密歇根大学客座教授，讲授分子结构课程，并从事核子散射研究工作。1947年夏，任哥伦比亚大学研究员，讲授原子物理课，并从事原子分子束的实验工作。1948年当选为中央研究院第一届院士，同年在纽约大学兼课。1949年任加拿大国家科学院理论物理组主任。1956年赴台湾，任台湾大学物理系、清华大学原子能研究所讲座教授半年。1957年秋当选为加拿大皇家学会学侣（院士）。1958年到普林斯顿高等研究院研究半年。1960年被台湾“中央研究院”第四届评议会数理组聘任为评议员。1962年12月，台湾“中央研究院”物理研究所复所，任所长。1965年任台湾“中央研究院”物理研究中心主任，1966年任纽约州立大学物理系主任。1967年任台湾“国家安全会议科学发展指导委员会”主任委员。1978年由纽约州立大学退休，偕夫人赴台湾定居。1979年任台湾“科学教育指导委员会”主任委员。1981年任台湾“中央研究院”原子与分子科学研究所咨询委员会委员。1983年任台湾“中央研究院”院长。1984年获菲律宾麦格赛赛拉蒙总统奖。1991年获美国密歇根大学荣誉科学博士学位。1992年被授予北京大学荣誉教授和南开大学名誉博士学位；同年中国物理学会给予他（第一届）“特殊贡献奖”。1993年获台湾交通大学和香港理工学院名誉科学博士学位。1998年获霍英东基金会颁发的“杰出终身成就奖”。

吴大猷教授的工作多在原子分子结构及光谱、核子散射、大气物理、电离体及气体方程式，统计物理，相对论等方面，尤其在原子和分子理论、散射理论和统计力学方面有独创性。

吴大猷教授终生从事物理学的教学和研究，研究领域很广，从原子物理到天体物理都有很深的造诣，是当代中国杰出的物理学家，国际知名物理学家。他对中国近代科学的发展和北京大学物理系的发展都做出了重大贡献，为当代中国的物理学直接和间接培养了很多著名的物理学家，如诺贝尔奖金获得者杨振宁、李政道和国家级大奖获得者黄昆等著名科学家，在海峡两岸和世界科学界中享有很高的盛誉。

主要著作有：《古典动力学》、《量子论与原子结构》、《电磁学》、《相对论》、《热力学·气体运动论及统计力学》、《量子力学》（甲部）（乙部）、《现代物理学基础的物理本质和哲学本质》、《多原分子的结构及其振动光谱》、《量子散射论》、《气体与等离子体动力学方程》等。译著有《群体与其在原子光谱之应用》等。另有《吴大猷先生科学论文集》（英文）、《吴大猷文选》等。

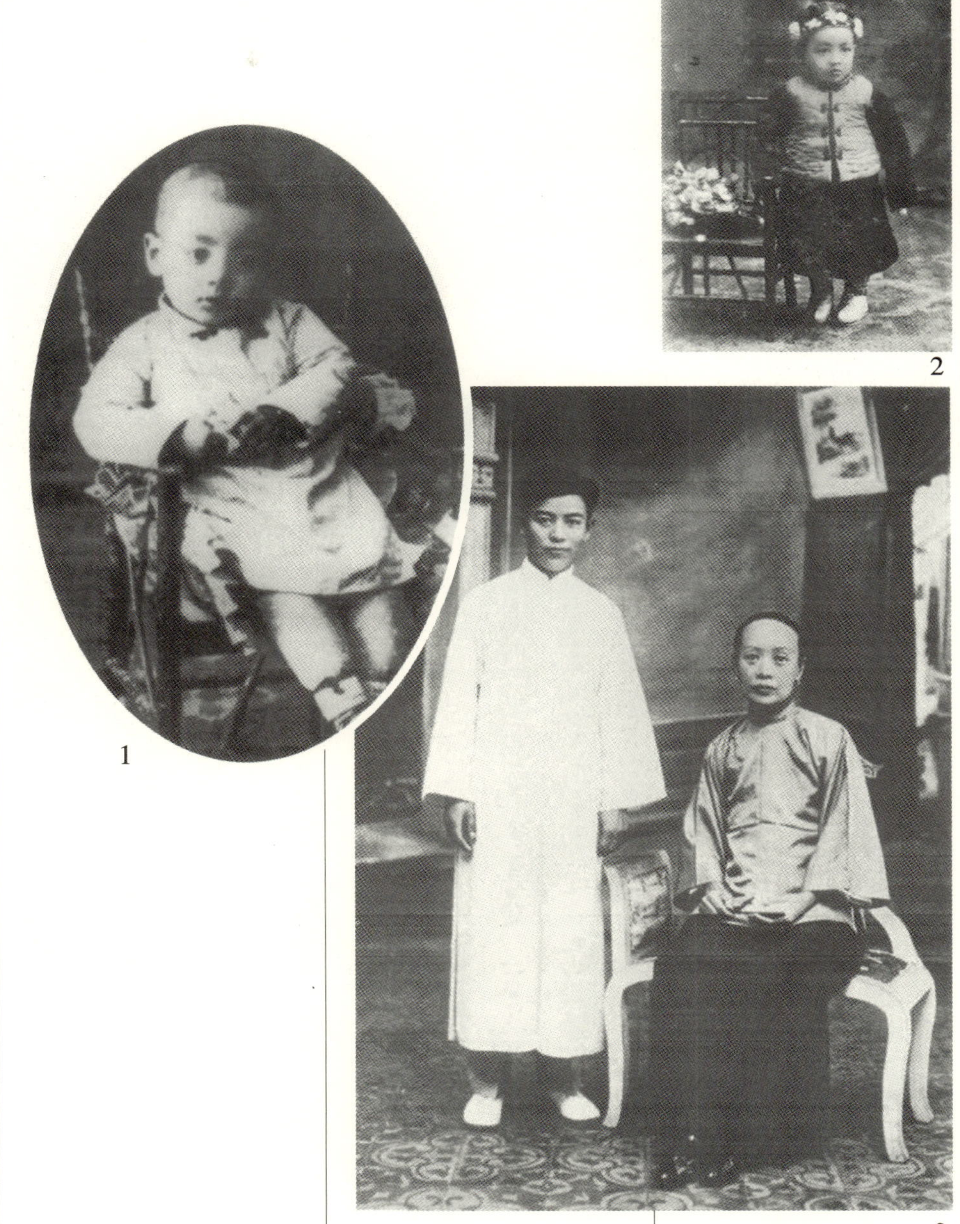

1. 吴大猷两岁时的照片。
2. 吴大猷三岁时的照片。
3. 1929年夏，吴大猷在天津南开大学毕业，返粤在肇庆与母亲合影。

吴大猷

1

1. 1926年吴大猷在南开大学读书时的物理启蒙老师饶毓泰教授，1933年8月调入北京大学。

2. 吴大猷（右三）与南开大学同学合影。

2

1

2

1. 1933年6月，吴大猷获得博士学位，在密歇根大学礼堂前留影。

2. 1936年9月6日，吴大猷与阮冠世的结婚照。

吴大猷

1

2

3

1. 1946年9月吴大猷教授到哥伦比亚大学任教时留影。

2. 吴大猷教授访胡适教授（右），在台湾南港“中央研究院”胡适寓所前合影。

3. 1949年秋，在哥伦比亚大学的寓所中，吴大猷教授（中）与他的学生扬振宁（左）和马仕俊（右）合影。

1. 吴大猷教授与台湾大学教授毛子水（右）。

2. 师生情谊——吴大猷教授是李政道（右）、杨振宁（左）在科学研究上的启蒙老师。

1

2

吴大猷

1. 1992年5月，吴大猷教授在国际著名物理学家李政道教授（二排中）的陪同下，参观北京正负电子对撞机实验室。

2. 1992年5月17日，85岁高龄的吴大猷教授（右三）由台北飞抵北京参加学术活动。著名物理学家周光召教授（左一）等人到北京机场迎接。

3. 1970年夏，吴大猷夫人阮冠世获博士学位，与吴大猷教授合影。

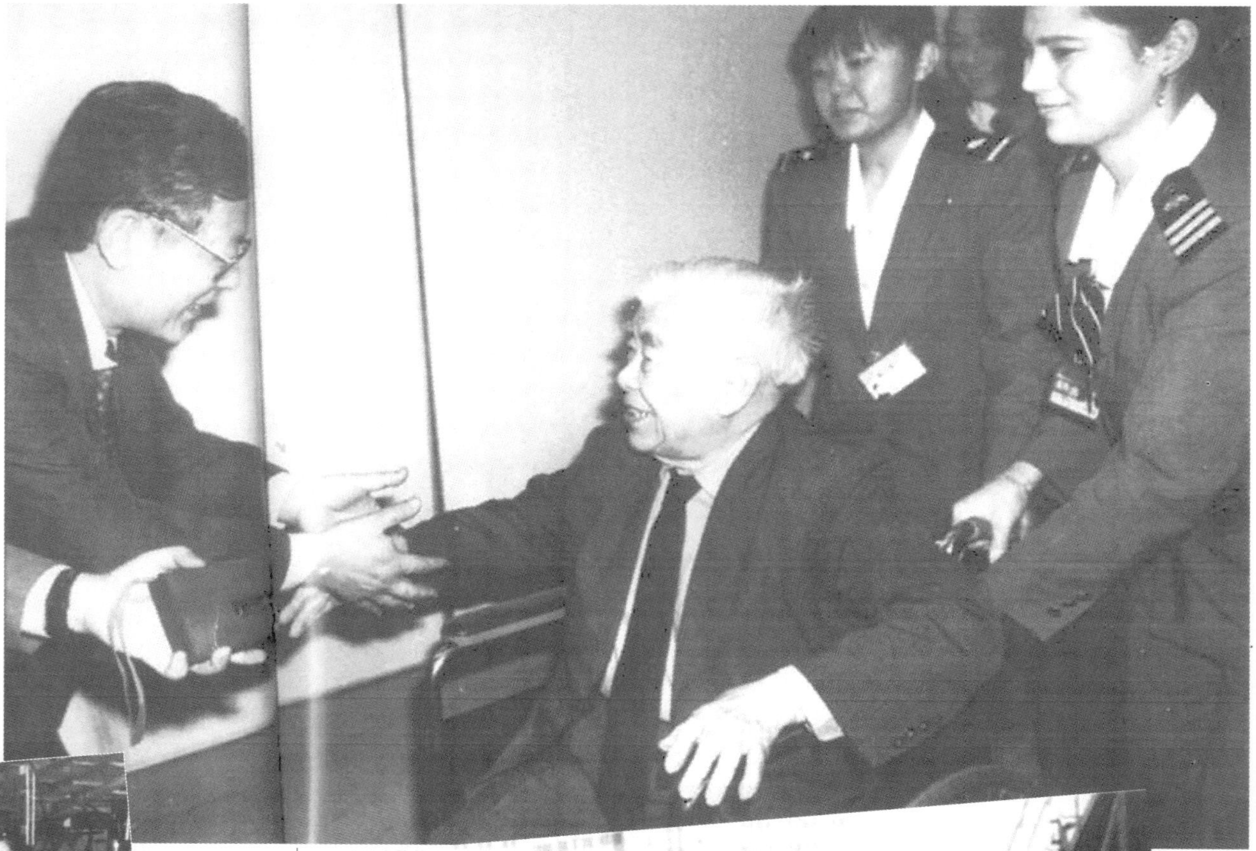

2

1

3

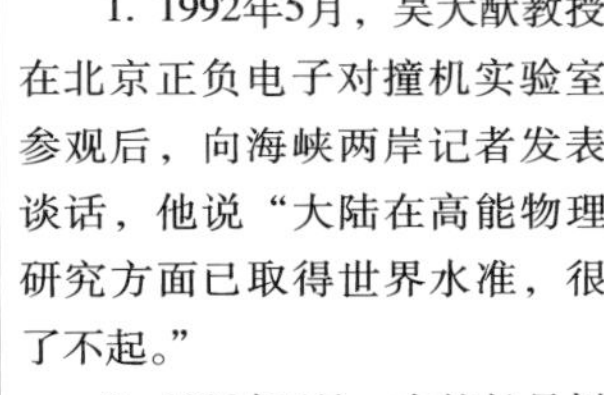

1

2

3

1. 1992年5月，吴大猷教授在北京正负电子对撞机实验室参观后，向海峡两岸记者发表谈话，他说“大陆在高能物理研究方面已取得世界水准，很了不起。”

2. 1992年5月，在校长吴树青（右三）和副校长沈克琦（右一）的陪同下，吴大猷教授（右二）参观北大现代物理实验中心，见到五十九年前他创建的北大光谱堂，当时从美国伍德教授处购买的一台仪器——凹面光栅至今保存完好，睹物生情，吴老百感交集。

3. 1992年5月，吴大猷教授（前排右二）访问20世纪30年代初期曾任教过的北大，受到吴树青校长（前排右一）、罗豪才副校长（前排左二）、沈克琦副校长（前排左一）的热烈欢迎。

吴大猷

1. 1992年5月，吴大猷教授（右一）到北京很希望得到一幅昔日北京城地图，北大著名历史地理学家侯仁之教授（左一）把自己主编的《北京历史地图集》赠予吴老，吴老如获至宝，连声道谢。右二为北大校长吴树青教授，右三为李政道教授。

2. 1992年5月，在当代中国物理学家联谊会上，吴大猷教授（左一）、周培源教授（右二）两位老友见面分外高兴。

3. 1992年5月31日，江泽民主席（左一）在北京钓鱼台国宾馆会见出席中国当代物理学家联谊会的海内外学者，与吴大猷教授（右一）亲切握手。

3

1

2

1

2

1. 师生情——1992年5月吴大猷教授与李政道教授（右）在一起。

2. 1992年5月，吴大猷教授（左一）和严济慈教授（右二）两位著名科学家在京相会。左二为李政道教授。

吴大猷

1

2

1. 家事、国事、天下事、事事关心的吴大猷教授。

2. 1992年6月,吴大猷教授回到母校天津南开大学，母校为他举行了隆重的授予名誉博士学位的典礼。

1

2

1. 1987年4月11日，吴大猷教授庆贺毛子水教授（右）95岁生日时合影留念。

2. 1992年5月在北京北海公园的仿膳斋，八十五岁高龄的吴大猷教授开心地坐上了“御座”。

1992年5月21日，吴大猷教授与妻妹阮冠时（右二）会面，并同外甥北京大学韩汝珊教授（右三）和韩汝琦教授（右四）共叙家常。

风采

张岱年

1

2

1. 1980年张岱年教授与哲学家贺麟（右一）、胡曲园（右二）在一起。

2. 20世纪80年代张岱年教授与楚图南先生（左）合影于楚图南寓所。

张岱年（1909.5.23—2004.4.24）字季同，别名宇同。原籍河北省献县，生于北京。哲学家、中国哲学史家。

1920年入小学。1923年入北平师范大学附属中学。1927年考入北平师范大学，1933年毕业，同年秋被聘为清华大学哲学系助教。1937年抗战全面爆发，因与学校失去联系未能南行，留居北平，闭门读书。1943年应聘到私立中国大学哲学教育系任讲师、副教授。1946年清华大学复校，重返清华大学哲学系任副教授，1951年晋升为教授。1952年全国院系调整，到北京大学任哲学系教授至今。1980年起，任中国社会科学院哲学研究所兼职研究员。曾任中国哲学史学会会长、名誉会长，中国伦理学会顾问，清华大学思想文化研究所所长，中华孔子学会会长等职。

张岱年的学术研究主要分三个方面：中国哲学史的阐释；哲学问题的探索；文化问题的研讨。

在中国哲学史研究方面，1934年—1936年，张岱年写成50万字的第一部专著——《中国哲学大纲》，用中国哲学的固有概念范畴来叙述中国哲学的发展过程，是第一部有系统的中国哲学范畴发展史，其较高的学术价值为学界所公认。对于中国哲学史研究，除哲学范畴的疏释外，注重阐发中国哲学中的唯物论传统和辩证法思想，探索中国传统哲学的理论系统和基本特点，强调中国传统道德伦理和价值论。新中国成立后，以马克思主义观点从事哲学史研究，先后写出《张载——中国十一世纪唯物主义哲学家》和《中国唯物主义思想简史》两书。注重揭示哲学思想与社会政治经济的联系，发现每个哲学家的思想在整个认识史上的作用，开创了中国哲学中价值与人格价值理论的探索。

在哲学理论研究方面，张岱年早年在长兄中国现代哲学家张申府（崧年）的指导下，大量细心精读了哲学家罗素（B.Russell）、摩尔

（G.E.Moore）、怀特海（A.N.Whitehead）、博若德（C.D.Broad）的哲学著作，受到分析哲学的理论和方法的影响；不久，他阅读马克思、恩格斯以及其他唯物主义者著作，认识到“辩证唯物论和历史唯物论是当代最有价值的学说”，并且尝试以马克思主义哲学观点解释社会人生。1936年，张岱年在《国闻周报》上发表《哲学上一个可能的综合》，主张在唯物论的基础之上容纳唯心论关于人生理想的观点，在方法论上把唯物辩证法与形式逻辑的逻辑分析方法结合起来。1942–1944年间，张岱年以振奋民族精神为己任，先后著成《哲学思维论》、《知实论》、《事理论》、《品德论》、《天人简论》等书稿，分别论述了对立统一规律、形式逻辑定律、唯物论和人生观，初步形成了自己的完整的哲学结构。他信守唯物论，早年力图通过对感觉经验的逻辑分析来证明外界的实在。肯定辩证法对于哲学问题研究的重要性，认为形式逻辑的规律和辩证法的规律都是思维的基本规律，应将二者结合起来，相互补充。对于人类的认识，提出“物为知基”、“名出积思”、“真知三表”等命题。关于宇宙本原，提出“生生两一”、“物统事理”、“物原心流”、“一本多极”等命题。

张岱年始终对文化问题感兴趣，尤其是1984年后，他在文化的内涵、文化的民族性和普遍性、中国传统文化、中西文化比较和建设新文化等方面做出了积极的探索。他坚持以唯物史观指导文化研究，既反对东方文化优越

1

2

3

1. 20世纪80年代张岱年教授（左三）与楼宇烈（左五）、王守常（左一）及外国友人在一起。

2. 20世纪80年代张岱年教授（左二）与梁漱溟先生（左一）在会餐合影。

3. 20世纪80年代的张岱年教授。

张岱年

1

论，也反对全盘西化论，主张综合中西文化之优长，在中西文化的成就基础之上，创造新型的中国文化。他的文化“综合创新论”得到了学界的普遍赞同。在《中国文化传统简论》一书中把中华民族精神概括为“自强不息”、“厚德载物”。

张岱年不仅勤于著述，而且培养了大批哲学人才。他在治学授课上，注重观点与材料的统一，分析与综合的统一，革命性与科学性的统一。

主要著作还有：《中国伦理思想发展规律的初步研究》、《中国哲学发微》、《中国哲学史史料学》、《中国伦理思想研究》、《求真集》等。主要论著收入《张岱年文集》、《张岱年学术论著自选集》、《张岱年全集》。他的《中国哲学发微》一书荣获北京大学科学研究成果荣誉奖及北京市首届哲学社会科学和政策研究优秀成果荣誉奖。

2

3

1. 20世纪80年代张岱年教授探望冯友兰教授（左）。

2. 20世纪80年代张岱年教授与长兄张申府（右）的合影。

3. 20世纪80年代张岱年教授（左三）与外国友人合影。

1

1. 20世纪80年代张岱年教授（左四）与冯友兰教授（左三）汤一介教授（右二）等合影。

2. 1991年张岱年教授（左三）在四川参加儒学讨论会并题字。

3. 20世纪80年代张岱年教授与王明（左一）、肖萐父（左三）合影。

4. 1985年张岱年教授（左）与贺麟教授合影。

3

2

4

张岱年

2

1

3

1. 1991年庆祝季羡林教授八十华诞，张岱年教授（左二）与季羡林教授（左一）在一起。

2. 1993年张岱年教授（中）与罗国杰教授等进行学术探讨。

3. 1994年10月江泽民主席（前排左五）接见国际儒学联合会代表，前排左三为张岱年教授。

1

2

3

1. 20世纪90年代，清华大学出版社向张岱年教授（左三）展示由他们出版的《张岱年文集》。

2. 1994年张岱年教授（右三）出席北大哲学系建系八十周年庆祝会。

右起：季羡林、任继愈、张岱年等。

3. 1994年张岱年教授（中）与季羡林教授（左）等在“庆祝张岱年八十五寿辰及学术思想研讨会”上合影。

张岱年

1

2

3

4

1. 1995年张岱年教授（左）与溥杰在国子监“辟雍”殿前合影。

2. 1997年张岱年教授（右）在家中接受采访。

3. 1996年张岱年教授在北大中关园。

4. 1997年12月李瑞环同志接见“毛泽东与二十四史学术研讨会”的与会人员。前排左四起：任继愈、张岱年、李瑞环、季羡林等。

1

2

3

4

1. 1997年《张岱年全集》出版发行。

2. 1998年张岱年教授（左）与张爱萍将军交谈。

3. 1999年张岱年教授（左）接受美国作家舒衡哲采访。

4. 1999年春张岱年教授（右）在九十华诞祝寿会上与书法家袁晓园先生握手。

张岱年

1. 1999年张岱年教授在看报。

2. 2000年张岱年教授在寓所书房。

3. 2001年张岱年教授（右四）与季羡林教授（右五）、何兹全教授（右三）、周一良教授（右二）出席中国文化书院的庆祝活动。

4. 2001年张岱年教授（左）与夫人冯让兰合影。

风采

费孝通

1. 1911年费孝通母亲杨纫兰和子女们的合影，杨纫兰怀中所抱是刚满八个月的费孝通。

2. 1935年费孝通和王同惠结婚留影。

费孝通（1910.11.2–2005.4.24）笔名费北。江苏吴江人。社会学家、人类学家，是中国社会学的开创者之一。

父亲是一位教师，曾东渡日本留学，担任过吴江县议会议长、江苏省教育厅督学，对费孝通的成长影响很大。费孝通4岁入母亲创办的蒙养院接受正规教育。6岁入吴江县第一小学。1920年到苏州振华女子学校高小班附读。1922年转入东吴大学附属一中学习，1928年高中毕业，入东吴大学医预科。1930年转学到燕京大学社会学系，1933年毕业，获社会学学士学位。同年考入清华大学社会学及人类学系研究生，导师是俄国的人类学家史罗克格洛夫（S.M.Shrokogoroff），1935年毕业，获得硕士学位和公费留学资格。同年暑假到广西大瑶山进行社会调查。1936年赴英国留学，入伦敦经济学院，师从著名社会人类学家布·马林诺斯基，1938年毕业，获伦敦大学博士学位。同年回国，任云南大学社会学系教授、社会学研究所主任。1943年被美国政府邀请为访问教授。1945年参加中国民主同盟，投身于民主爱国运动。同年转入西南联合大学，任清华大学教授。1946年重返英国。1947年回北平，任清华大学社会学系教授兼副教务长。1950年起参加国内民族工作。1952年任中央民族学院教授、副院长。1972年回中央民族学院，从事翻译。1978年任中国社会科学院民族研究所副所长。1979年当选为中国社会学研究会会长。同年任北京大学社会学系教授。1980年任中国社会科学院社会学研究所所长。1985年北京大学社会学研究所（今改为社会学人类学研究所）成立，出任首任所长，后任名誉所长。曾任国务院专家局副局长，国家民族事务委员会副主任、顾问，

1

1. 1936年–1938年费孝通在英国伦敦经济学院学习期间的博士导师——著名人类学家布·马林诺斯基。

2. 费孝通先生与夫人王同惠女士合影。1935年12月，费孝通与夫人王同惠到广西瑶族大瑶山地区考察时，费孝通误堕虎阱，黑夜她为找人救费孝通而坠入深洞，献出了年轻的宝贵生命。

全国政协常委、副主席，中国民主同盟中央副主席、主席，全国人大法制委员会委员、宪法修改委员会委员、副委员长等职。1980年荣获国际应用人类学会马林诺斯基名誉奖，并被吸收为该会会员；1981年荣获英国皇家人类学会赫胥黎奖章，并被选举为荣誉会员，他是亚洲第一位享受这个荣誉的学者；1987年荣获美国不列颠百科全书奖。1993年获日本福冈亚洲文化大奖。先后被推选为英国伦敦大学伦敦经济学院荣誉院士，香港大学的文学博士。

费孝通长期从事社会学、社会人类学、民族学和城乡社会学的教学和研究，为社会学学科建设做出了许多奠基性的工作，是中国社会学的开创者之一，为社会学、社会人类学的一代宗师，国内外享有盛誉。他创造性地将社会人类学的方法运用于中国农村社会的调查和研究，他重视实地调查，尤其重视社区的比较研究，主张当代中国的社会学应是反映具有社会主义性质和中华民族特点的中国的社会学，必须立足于中国的社会实际。所著博士论文《江村经济》（后出版发行），成为第一部以实地调查为研究方法的有影响的社会学专著，被导师马林诺斯基誉为“人类学实地调查和理论工作发展中的一个里程碑”，奠定了他在人类学界的地位。他把人类学实际研

2

究对象从落后的、社会结构简单的社区推向文明的、社会结构复杂的社区，证明了人类学不仅可以分析社会结构，还可以用来研究社会的变迁，同时也证明了一个公民可以对自己的人民进行客观的观察。在后来的研究中，把对江村这个类型拓展开来，建立了类型比较，逐步扩大实地观察的范围，按照已有类型寻找条件不同的具体社区，进行比较分析，逐步识别出中国农村的各种类型。学术活动以农村为中心，积极探讨中国农村发展的基本出路，被国外学者誉为“中国农民的代言人”。他深入地探讨了中国的小城镇问题，提出“小城镇，大问题”，认为小城镇的建设和发展关系到生产力和人口的分布、城乡结构和农村现代化、城市化等系列问题。把类型比较和地区发展结合起来，形成模式比较理论与方法，把社区研究推向了经济区域层次，对各种发展模式进行了分析总结。在中国的民族问题上，提出著名的“中华民族多元一体格局”理论，探索了一个欠发达的、多元文化的大国怎样才能走向现代化的问题。

费孝通著述丰富，主要著作有：《Peasant Life in China》、《内地农村》、《美国与美国人》、《生育制度》、《乡土中国》、《乡土重建》、《皇权与绅权》、《民族与社会》、《从事社会学五十年》、《小城镇四记》、《记小城镇及其他》、《边区开发与社会调查》、《行行重行行乡镇发展论述》、《沿海六行》、《云南三村》等。论文集有《费孝通文集》、《费孝通社会学文集》、《费孝通民族研究文集》等。主要论著收入《费孝通文集》（1–16）。

1936年的费孝通。

1
2
3

1. 1943–1944年在美国作为访问学者的费孝通。

2. 1948年费孝通和夫人、女儿在清华园胜因院宿舍合影。

3. 1957年费孝通教授（右一）重到江村，乡亲们给他讲从初访到重访20多年间的变化。

费孝通

1. 1958年费孝通教授与毛泽东主席在一起。右起：毛泽东、童第周、胡愈之、华罗庚、费孝通。

2. 1980年费孝通教授（右）在美国丹佛获马林诺斯基应用人类学奖。

3. 1981年费孝通教授荣获英国皇家人类学会赫胥黎奖的奖章。

1

2

3

1. 1981年费孝通教授（左一）在英国接受英国皇家人类学会赫胥黎奖时，与老师雷蒙德·弗思爵士交谈。

2. 1984年费孝通教授（前排右二）在江苏扬中县一个农户阅读学生课本。

3. 1987年11月，费孝通教授（站立者）在日本做“社会学中国学派和我的学术经历”的学术报告。

1

2

3

1

2

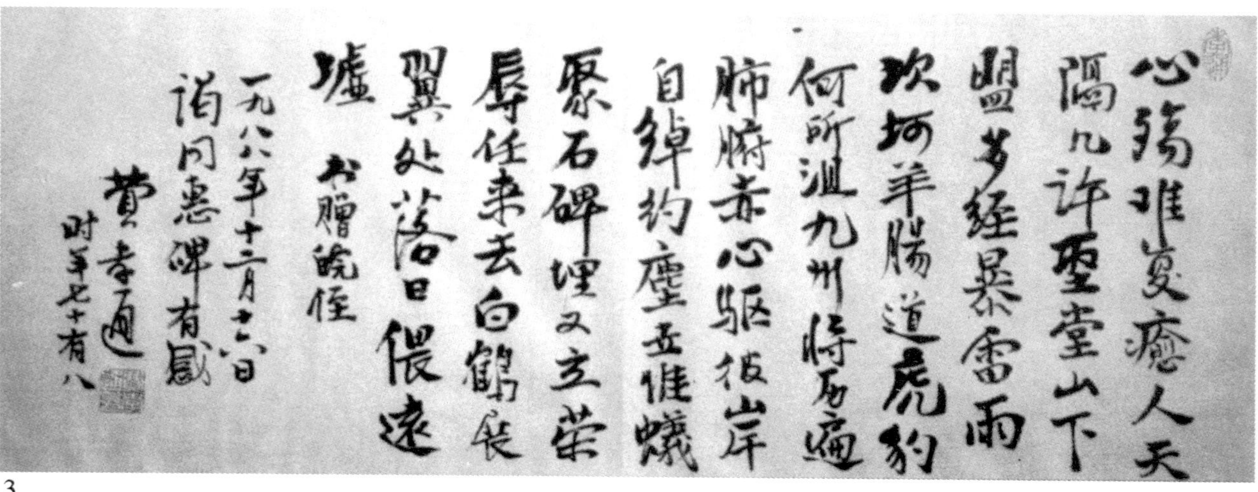

3

1. 1988年2月，费孝通教授（左）在联合国接受1988年“大英百科全书”奖。

2. 1988年9月费孝通教授（右）与哈佛大学费正清教授合影于费正清别墅。

3. 1988年12月费孝通教授手书《谒同惠碑有感》五言诗一首，怀念前妻王同惠。

1. 费孝通教授与夫人孟吟合影。

2. 1989年费孝通教授接受香港大学授予文学博士学位。

3. 1990年费孝通教授（左三）重访云南三村时在少数民族同胞家中留影。

费孝通

1. 1994年费孝通教授与民盟中央名誉主席楚图南（右）在一起。

2. 1995年费孝通教授（左二）在华西村参观。

3. 1995年费孝通教授（右二）在客厅指导他的学生和助手。

4. 1996年的费孝通教授。

1

2

1. 费孝通教授在看报。

2. 费孝通教授（左二）和邓小平在一起。

费孝通

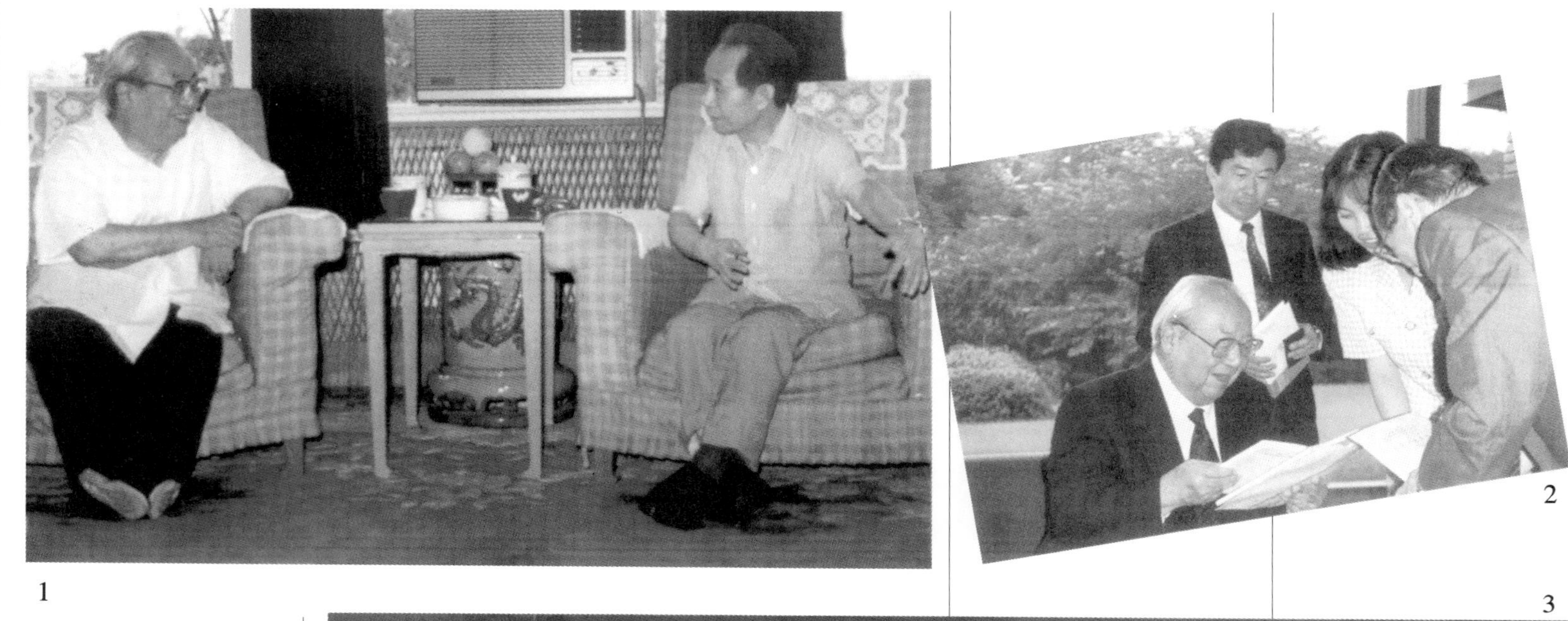

1

2

3

1. 费孝通教授（左）与胡耀邦在一起。

2. 1993年费孝通教授（左一）在日本与青年学者进行学术交流。

3. 1990 年费孝通教授（右）与江泽民在一起。

王竹溪

王竹溪

王竹溪（1911.6.7–1983.1.30）名治淇，字竹溪，后以字行。湖北省公安县人。理论物理学家、教育家。中国科学院学部委员（院士）。

王竹溪的祖父王槐亭和父亲王才俊都是清末秀才。在家庭的影响下，他一生好学并善于研究学问。幼年在家他曾先后随其舅父及长兄等读《诗经》、《左传》等书。1922年春入麻豪口小学读书，师从雷玉之学算术。1922年秋在武昌荆南中学学习，勤奋好学博览群书，曾先后学习《幼学琼林》、《庄子》、《老子》、《荀子》、《礼记》、《史记》、《汉书》等书，对《康熙字典》的切韵法颇感兴趣，并对数学特别爱好，看了许多科技方面的书，从而为他奠定了少年启蒙知识的基础，1926年夏毕业。1928年春在上海麦伦中学上高二，1929年夏高中毕业。同年考入清华大学土木工程系，第二年改学物理，转入物理系，深得当时的系主任叶企孙教授的指导和赏识。1933年夏在物理系毕业，又考取清华的研究生，师从周培源教授。在叶企孙教授和周培源教授的培养下，他具有数学计算的特殊才能，深得两位导师的器重，后来被誉为“清华四杰”（指清华物理系历届毕业生中最杰出的王竹溪、彭桓武、林家翘和杨振宁）。1934年考取第二届留美研究生。在1935年清华大学研究院毕业后，同年8月改赴去英国，经量子力学创始人之一狄拉克推荐，到英国剑桥大学,师从世界知名物理学家福勒（R.H.Fowler），研究统计物理。1938年夏，以论文《吸附理论及超点阵理论的一个推广》（英文）获博士学位。在此期间，他在英国的物理学刊物上发表了论文6篇，如《有长程作用的吸附的统计理论》、《有长程作用的吸附动力学》等。同年回国，任西南联合大学物理系教授。在西南联大的8年中，他身在陋室，以专心育人为乐，为祖国培养了大批有成就的理论物理工作者，其中有后来诺贝尔奖获得者杨振宁就是他最得意的学生。科研与教学也出了不少成果，写出了关于热力学、统计物理、生物物理等方面一系列重要论文12篇，相继发表于《英国皇家学会会刊》、《剑桥哲学学会会刊》、美国《物理学评论》、《物理化学杂志》和《中国物理学报》等刊物上。1946年他随学校迁回北平，任清华大学教授。新中国成立后，任清华大学物理系主任。1952年全国高校院系调整，王竹溪被调到北京大学任物理系教授，后兼任理论物理教研室（现为理论物理研究所）主任。同年5月加入九三学社。1955年当选为中国科学院学部委员（院士）。1962年任北京大学副校长。1979年加入中国共产党。还先后兼任中国科学院原子能研究所（现为中国原子能研究院）二部六室主任，教育部（现为高等教育部）理科物理学教材编审委员会主任，中国物理学会副理事长，中国计量测试学会副理事长，《中国科学》副主编，《中国大百科全书》总编辑委员会委员，《中国大百科全书》物理学编辑委员会主任兼物理学综论编写组主编，国务院第一届学科评议组成员，《中国物理学报》（后改名为《物理学报》）主编，全国政协委员，九三学社中央副主席等职。

王竹溪教授是理论物理学家，素以治学严谨著称。在理论物理各领域，特别是在热力学、统计物理学和数学物理学等方面具有很深的造诣。王竹溪教授一生的科学研究，涉及理论物理众多领域，在湍流尾流、气体扩散、吸附作用、超点阵和有序—无序相变、高级相变、气体性质、多元溶液、热力学平衡与稳定性、绝对热力学温标、热力学第三定律、植物细胞吸水、物质内部有辐射的热传导，以及基本物理常数的确定等方面发表论文40多篇。主要著作有《热力学》、《统计物理学导论》、《热力学简程》、《统计物理学简明教程》、《简明十位对数表》等，还与郭敦仁合著《特殊涵素概论》。其中1955年编著的《热力学》是我国自编的第一部热力学教材。

1. 20世纪30年代，王竹溪（左一）与赵九章（中）、傅承义在清华大学。

2. 1933年在清华毕业的王竹溪先生。

3. 1934年王竹溪在清华大学。

他在编写中利用了吉布斯和布郎克的经典著作，参考了苏联的教学大纲和教材，在热力学基本概念的阐述上，对温度、热量、熵定理等都系统地讲述了喀喇氏（C.Caratheodory）热力学的理论体系，并把他自己的许多科研成果总结贯穿其中，这是在把握了热力学基本理论发展方向以后，在教材上的勇敢创新，这在当时国际上同种教材中还较少见。此书1983年被评为全国优秀图书，1984年被评为全国优秀科技图书一等奖，1988年又获得国家教育委员会优秀教材特等奖。在担任中国物理学会名词委员会主任期间，他博采众长，主持审定物理学名词22000多条，为中国物理学名词统一工作奠定了基础，发挥了重要的作用。

王竹溪教授从事教学工作40余年，为国家培养了大批物理学工作者，如诺贝尔奖金获得者杨

1

2

1. 1935年王竹溪在英国剑桥大学留影。

2. 1935年王竹溪在英国剑桥大学学习，正全神贯注地思考问题。

振宁就是他最得意的学生，杨振宁教授曾在不同的场合多次提到：是王竹溪教授把他领进了物理这一领域，“我对统计物理的兴趣即是受了竹溪师的影响。”王竹溪教授为发展中国物理学和教育事业做出了卓越贡献。

王竹溪教授不仅是物理学和数学这样近代科学的泰斗，而且博学多才，通晓经、史、子、集，从20世纪30年代起就研究中国的语言文字，研究历代典章制度，中国的历史文化，被誉称为百科全书式的学者。1943年发明了汉字新部首检字法,并于1979年进一步发表汉字检索新方案,成为研究汉字检索机器化的先驱。在此基础上,经过长期努力，收集大量资料，于1988年编纂出版《新部首大字典》，收字5万1千多，为中国的语言文字工作做出了重大贡献。

1

2

3

1. 1935年王竹溪在英国剑桥大学学习时留影。

2. 20世纪40年代初期，王竹溪教授与夫人涂福玉在西南联大时合影。

3. 1956年王竹溪教授（二排右四）与物理系理论班毕业生合影。

王竹溪

2

1

3

1. 1965年10月王竹溪教授（前排中）与物理系5年级理论班的部分同学合影。

2. 王竹溪先生（右一）在英国与张文裕、华罗庚、吴征铠（从左至右）合影。

3. 1971年周恩来总理（前排右四）接见杨振宁教授（前排右五），王竹溪教授（二排右二）也被接见，前排右二为周培源，前排左四为郭沫若。

1. 20世纪70年代后期，王竹溪副校长（右一）接待日本朋友，左一为北大图书馆副馆长郭松年研究员。

2. 20世纪70年代后期，王竹溪副校长（右二）接待日本朋友。

3. 1972年7月，周培源教授（左三）王竹溪教授（右二）等合影留念。

4. 1978年王竹溪教授（右三）率大学代表团访问罗马尼亚。

王竹溪

1

2

3

1. 20世纪70年代后期，王竹溪副校长（左）接待日本朋友。

2. 1981年王竹溪教授（右三）出席美国国际学术会议，在会上发言。

3. 1981年王竹溪教授（左二）访美，与原在北大学习的中国留美学生合影。

1.2. 1981年王竹溪教授在美国。

3. 1982年王竹溪教授在友谊医院，左为夫人涂福玉。

1

2

3

王竹溪

1. 1979年王竹溪教授在北大未名湖博雅塔前留影。

2. 王竹溪教授与茅以升教授（右）在会议上。

风采

邢其毅

邢其毅（1911.11.24—2002.11.4）原籍贵州省贵阳市，生于天津市。有机化学家、教育家，中国科学院学部委员（院士）。

邢其毅出生于书香之家，自幼熟读史书、文学，成年后改读自然科学。1933年毕业于北京辅仁大学化学系，随后赴美留学，在伊利诺大学研究院师从于当时最有名的有机化学家亚当斯（R. Adams）教授，进行联苯立体化学研究。1936年获哲学博士学位。同年夏天赴德国慕尼黑大学，在诺贝尔奖获得者有机化学大师魏兰德（H.Wieland）教授的实验室进行博士后研究，在老师的指导下从事蟾蜍毒素的研究。其间，完成了芦竹碱的结构阐释和合成工作。1937年在隆隆炮火声中他回到祖国，在上海中央研究院化学所任研究员，不久华北沦陷，上海也危在旦夕，中央研究院被迫南迁昆明。他负责转运书籍等贵重物品，绕道香港、越南，历时半年之久，才将全部物品运抵昆明。在十分艰难的条件下，为了支援抗战，寻找抗疟药物，他跑到云南边境河口地区收集金鸡纳树皮，开展有效成分的分析研究工作。在大后方期间，他目睹当时国民党政府的腐败和消极抗战的情景，深感失望，于是他决定去寻找新的救国道路。1944年他冒着生命危险，从国民党统治的大后方来到了共产党领导的抗日前线皖北解放区天长县，参加新四军工作。被分配到苏北华中军医大学任教授，他一面从事教学，为军队训练基本的药学人才；一面从事药物研制和生产。在这期间，他把夫人钱存柔（后任北大生物系教授）和孩子也都接到新四军中一起做抗日救亡工作。抗战胜利后，他受聘于北京大学，于1946年回到北平，任北京大学农化系和化学系教授，同时兼任北平研究院化学研究所研究员。1949—1951年间曾兼任辅仁大学化学系教授及主任。1952年院系调整以后至今，一直任北京大学化学系教授。1980年邢其毅教授当选为中国科学院学部委员（院士）。他曾任中国化学会常务理事及化学教育

1

专业委员会主任，“北京大学学报”（自然科学版）副总编辑，“化学学报”编委，“高等学校化学学报”编委及顾问，中国大百科全书化学卷有机化学部分主编，中国科学院上海有机化学研究所和药物化学研究所学术委员会委员，国务院科学规划委员会委员，中华人民共和国科学技术委员会委员等学术职务；以及北京市第五届政协常委，第六、七届全国政协委员，民盟中央科技委员会副主任，中国国际文化交流中心理事，北京市人民政府化学工业专业组第一届顾问及北京市人民政府科技成果评审组第二届顾问等社会职务。

邢其毅教授是一位造诣很深，洞察力敏锐的有机化学家。他在20世纪50年代初就曾指出，蛋白质和多肽化学必将成为未来科学发展的一个新的前沿课题。1951年，他首先提出进行蝎毒素中多肽成分的研究，并同时开展氨基酸保护基和接肽方法的研究。1958 年，中国的几位有机化学家和生物化学家聚会在北京，提出了人工合成具有生物活性的蛋白质分子——胰岛素的重大课题，在国家科委的统一领导下，由北京大学、中科院上海有机所和生化所共同组成统一的研究队伍，邢其毅教授是这一研究的倡导者和学术领导者之一。经过数年的努力，中国科学家终于在1965年向世界宣布，第一次成功地用人工方法合成了活性蛋的白质——结晶牛胰岛素！这标志着我国科学家在蛋白质和多肽合成化学领域已处于世界领先地位。该项成果因此获得了1982年国家自然科学一等奖。1997年求是科技基金会为人工合成胰岛素的研究工作颁发了杰出科技

2

1. 邢其毅（立者右一）青少年时期（约16岁）与家庭成员合影，后排左为其父邢端，前排坐者左一为其母，前排坐者右二为其祖母。

2. 1933年辅仁大学毕业时的邢其毅。

成果集体奖，邢其毅教授是九人获奖者之一。他的研究组还在发展和创制多肽合成新方法和新试剂研究中取得了多项成果，并因此而获得了1988年国家教委的科技进步二等奖。

20世纪50年代，他在系统的研究Prins反应和Dakin West反应的反应机制和立体化学的基础上，发现并建立了一个适于工业规模生产的氯霉素合成方法，该方法11年后（1968年）被意大利的卡洛·埃巴公司采用，建成年产400吨的新生产工艺。因合成氯霉素的新方法这项成果是中国科学家创立的，获1978年的全国科技大会奖。

邢其毅教授一向十分重视我国丰富天然资源的开发和利用。20世纪70年代，邢其毅教授敏锐地注意到花果头香成分（香气）的研究还是一块“处女地”，他的研究组自行设计仪器和装置，到花果产地去收集各种头香成分，1978年，首次完成了白兰花头香成分的全分析，开创了我国进行花果头香成分研究的先例。随后，他们对玫瑰、荔枝、啤酒花、西藏高原盐湖植物——杜氏藻等多种我国特有的花果品种和资源进行了广泛系统的研究，取得了一系列具有重要科学意义和经济价值的研究成果。

中药是我国的一大宝库，为了发掘我国特有的天然药物宝库，邢其毅教授始终为之倾注了极大的精力。他还曾去西藏收集藏药的资料。1986—1995年期间，他主持“我国独特的及丰产的天然产物的研究”和“我国边远地区和海洋独特天然产物的研究”等两大研究课题。还对我国名贵药材人参，三七等水溶性成分的系统研究中，分离鉴定了若干有生理活性的寡肽及非蛋白氨基酸和新颖的杂环化合物等，这项开创性的研究成果获得了国家教委科技进步一等奖。

纵观邢其毅教授在不同的历史时期所发表的近百篇论文中，能够清楚地看到，一个卓有成就的科学家在有机化学的广阔天地里不断开创新的研究领域的先驱者的足迹。他既是一位造诣深厚的有机化学家，同时也是一位享有盛誉的教育家。他数十年如一日地潜心教学研究，他对于我国高等教育中的专业方向、课程设置、教学与科研的关系、理论和实验的关系、中学教育中普及和提高的关系以及必须大力提倡现代化国家公民的全面素质教育等问题，都提出过许多看法和倡议，并发表过多篇文章深入阐明他的观点。他一向以渊博的知识，旁征博引，挥洒自如的讲课艺术闻名于海内外。他编著的《有机化学》和《有机化学简明教程》都是我国教育部最早指定的全国高校通用教材。20世纪80年代出版的《基础有机化学》第一版是一部全面反映现代化学成就的大型有机化学教科书，1987年获国家优秀教材奖。20世纪90年代该书

1

2

1. 1935年邢其毅留学美国伊利诺大学。

2. 1935年邢其毅在美国伊利诺大学化学实验室中工作。

1

2

的第二版又获得1998年的国家教委科技进步二等奖。同时他还出版了《共振论回顾和瞻望》、《合成的魅力》、《有机化学中的电子理论》等多部参考书。他的这些著作，都是一部部知识的源泉，滋养着我国几代化学家的成长。

几十年来，邢其毅教授不但使他自己取得了许多开创性的科研成果和教学成果。而且，他也把这种精神通过身体力行和各种教育活动传授给从师于他的弟子们。他经常说：他这一生的主要精力是在于教书。他几十年如一日勤奋地耕耘在讲坛上和实验室中。他教学上的格言是："劳则思，逸则罔"。他严谨的治学精神和诲人不倦的教学态度使他成为一名深受学生们爱戴的享有盛誉的有机化学教育家。他弟子数千，其中许多已是我国不同部门的骨干、领导者、科学与教育领域的专家和知名学者，堪称为名师高徒众，桃李四海馨！

邢其毅教授编写、主编出版的著作和译著还有：《有机化学基础》、《有机化学词典》、《有机化学电子理论》、《有机化学基本原理》、《基础有机化学习题解答与解题示例》等；《中国大百科全书》化学卷有机化学部分的主编；主要论文收集在《邢其毅文集》和《邢其毅教授论文集》中。

3

1. 1937年邢其毅留学回国，后在上海中央研究院化学研究所工作。

2. 1945年邢其毅参加新四军，在华中军医大学任教，此为新四军转移途经江苏淮阴时，邢其毅与儿子祖侗合影。

3. 1935年邢其毅（前排左五）留学伊利诺大学，任留学生学会会长。

邢其毅

1

2

3

1. 1948年邢其毅教授（右一）在北平与家人合影。

2. 1963年邢其毅教授（右二）指导人工合成牛胰岛素的科研协作工作。

3. 邢其毅教授（左二）在指导学生做有机化学实验。

1. 1971年邢其毅教授（右四）与周培源教授（右七）接待西哈努克夫妇（右六、右三）参观北大制药厂。

2. 1980年邢其毅教授（右）赴美国加州参加国际物理有机化学讨论会，同行者有南开大学高振衡教授（中）、兰州大学刘有成教授（左）。

3. 1982年在庆祝中国化学会成立50周年时，邢其毅教授在会上作学术报告。

邢其毅

1. 1982年“人工合成牛胰岛素”荣获国家自然科学奖一等奖，会后邢其毅教授与北大参加人工合成牛胰岛素的同仁们合影留念。前排右起：陆德培、邢其毅、施淳涛，后排右起：季爱雪、李崇熙、叶蕴华、汤卡罗。

2. 邢其毅教授（右二）与北大化学系《基础有机化学》教材编写组的同志讨论该书文稿，参加者有裴伟伟（右一）、徐瑞秋（右三）、周政（右四）。

3. 邢其毅教授（右二）在实验室指导博士研究生。

1

2

3

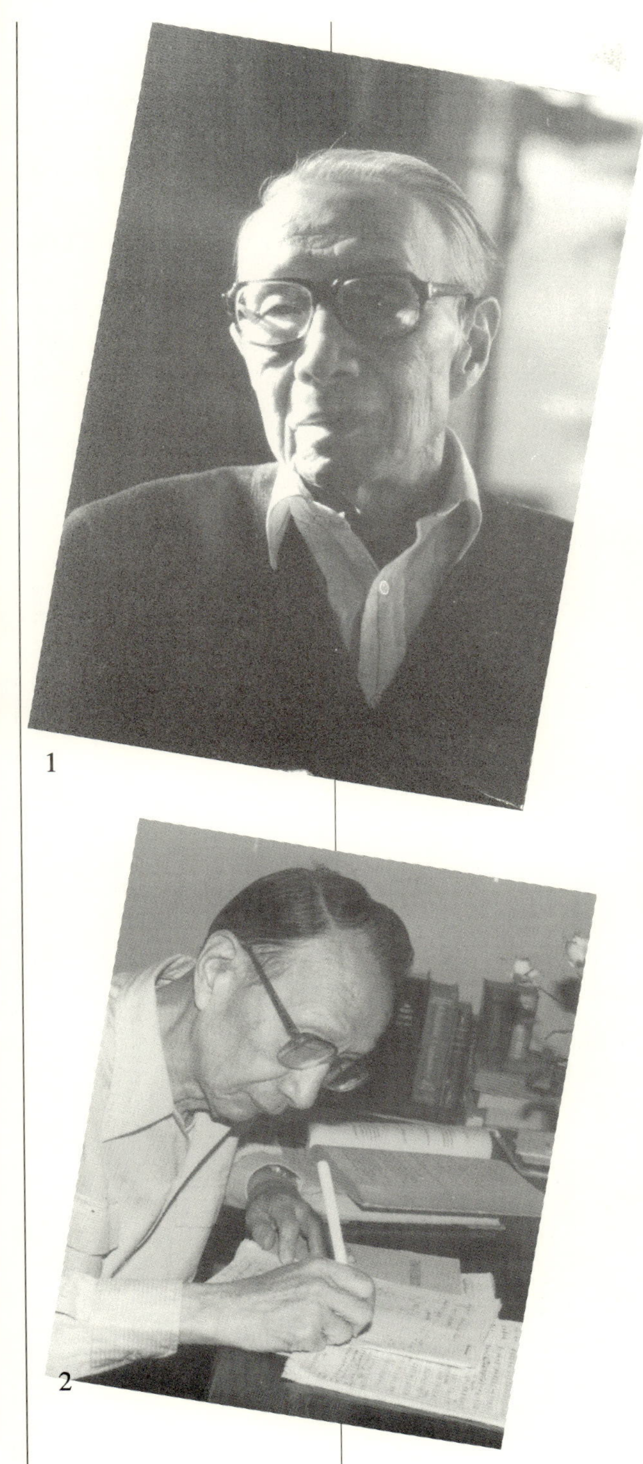

1

2

3

4

1. 思考——20世纪80年代的邢其毅教授。

2. 勤奋——1987年邢其毅教授在燕东园寓所工作。

3. 1978年聂荣臻（一排右八）、蒋南翔（一排左四）、胡克实（一排右一）等领导接见全体参加 人工合成牛胰岛素的科研人员：邢其毅（二排左一）、汪猷（二排左五）、钱三强（一排右三）、华罗庚（一排左一）、贝时璋（一排右四）等。

4. 1983年3月邓小平（一排左六）、胡耀邦（一排左七）、陈云（一排左八）、邓颖超（一排左十）等接见第六届全国政协委员，四排右五为邢其毅教授。

邢其毅

1. 1985年8月，在昆明举行全国有机合成学术讨论会，会后邢其毅教授与汪猷教授（右）、张滂教授（左）同游昆明合影。

2. 邢其毅教授（右）与博士生邱明华在毕业典礼后合影。

3. 1986年已75岁的邢其毅教授，仍在西藏高原骑自行车游览。

1

2

3

1. 20世纪80年代，美籍华裔诺贝尔奖获得者李远哲博士（右）应北大化学系有机组的邀请来北大作学术报告，邢其毅教授（左）与他交谈。

2. 1987年9月邢其毅教授（右三）访问日本大阪近畿大学，参观实验室。

3. 20世纪80年代，邢其毅教授（右二）与张滂教授（右一）、徐光宪教授（左一）接待英国诺贝尔奖获得者Lord Todd教授。

邢其毅

1

2

3

1. 1988年世界著名有机化学家Eschen moser应邀来北大作学术报告，邢其毅教授（中）陪其夫妇游览长城。

2. 1994年诺贝尔奖获得者美国H.C.Brown应化学系有机组邀请来北大作学术报告，邢其毅教授（左一）陪同其夫妇（左二、左三）在北大西校门合影留念，左四为叶蕴华教授。

3. 1990年7月，邢其毅教授（左）接待台湾“中央研究院”化学研究所所长周大纾教授。

1. 邢其毅教授（左）与前北大校长周培源教授在赴三峡途中讨论教学问题。

2. 1990年3月邢其毅教授（左二）参加第七届全国政协会议，会后与前校长丁石孙教授（右三）、张芝联教授（右一）等友人合影。

1

2

邢其毅

1. 1991年邢其毅教授八十岁生日，与夫人钱存柔教授在燕东园寓所合影。

2. 1991年新四军部分老战友祝贺邢其毅教授（前排中）八十寿辰时合影留念，一排右二为邢其毅教授夫人钱存柔教授。

3. 1991年12月邢其毅教授与夫人钱存柔在北京大学文库举办的“庆贺张青莲教授、邢其毅教授从教五十五周年学术成果展”展室合影。

4. 1991年北大化学系同仁庆贺邢其毅教授（中左）八十寿辰，中右为其夫人钱存柔教授。

1

2

3

4

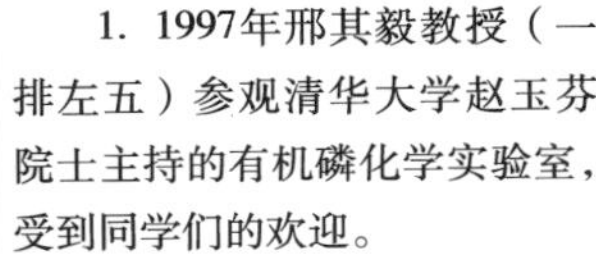

1. 1997年邢其毅教授（一排左五）参观清华大学赵玉芬院士主持的有机磷化学实验室，受到同学们的欢迎。

2. 2001年11月，北大老校友庆贺邢老（中）九十大寿，右一为邢老夫人钱存柔教授。

3. 2000年6月，邢老以89岁的高龄勇攀长城高峰。

1

2

3

邢其毅

1. 邢其毅教授与北大历史系邓广铭教授（左）在北大未名湖畔散步。

2. 夕阳情——2000年邢老夫妇结婚58年合影。

3. 爱好——邢老生前爱好收集长寿龟，地毯上摆放着邢老夫妇收集的长寿龟。

風采

周一良

周一良（1913.1.19–2001.10.23）早年曾用字太初。安徽东至人，生于山东青岛。历史学家。

8岁入家塾，遍览经、史、子书，后加习日文、英文。曾从唐兰学习文字学。1929年入燕京大学国文专修科，受教于容庚。1931年入辅仁大学历史系。同年秋转入燕京大学历史系，受教于邓之诚、洪业等名师，并受到陈寅恪的影响，1935年毕业。后在燕京领取哈佛燕京学社奖学金（每年500元），作了研究生。第二年经陈寅恪教授的推荐，到中央研究院历史语言研究所任助理研究员。1939年入美国哈佛大学研究院远东语文系学习，从叶理绥学习日本语言文学，兼修梵文。太平洋战争爆发后，1943年起在哈佛大学陆军特别训练班教日语约两年。1944年获哈佛博士学位。同年起至1946年夏任哈佛大学日语教员。1946年秋回国，任燕京大学国文系副教授。1947年秋任清华大学外文系教授，1949年秋转任历史系教授，1951–1952年兼任系主任。1952年院系调整，任北京大学历史系教授。先后兼任中国古代史教研室主任、亚洲史（后改为亚非史）教研室主任、历史系副主任、主任。曾任中国史学会理事，中国日本史学会名誉会长，中华日本学会副会长，北京中日文化交流史研究会会长等职。历年在各校

1

2

3

1. 童年时期的周一良。

2. 14岁的周一良。

3. 20世纪30年代，燕京大学读书期间周一良与邓懿合影。

开设的课程有：日文、佛典翻译文学、中国通史（宋以前）、魏晋南北朝史、日本史、亚洲史、历史文选等。多次参加法国、美国、巴基斯坦、荷兰、摩洛哥、日本、美国等地的历史、语言方面的年会和学术讲演，对促进中外文化交流作出了贡献。

周一良精通日语、英语、梵文，也学过法语、德语、俄语，精熟传统经典，学贯中西。主要研究领域为：魏晋南北朝史、日本史、亚洲史，此外在敦煌学、佛学、中外关系史方面也有较深的研究。

魏晋南北朝史是周一良用功颇深收获良多的研究领域，从1934年发表首篇学术论文《魏收之史学》，20世纪30—40年代主要着力于这一领域，五十年代服从需要，改为从事日本史及亚非史的研究，80年代以后重理旧业。研究内容从对词语、名物、制度的诠释，到对历史事件和历史人物的考证、溯源、辨析，从南北朝史入手，涉及文化、宗教，进而深入追索到深义文化，取得了很高的成就，在很多方面开风气之先，成为魏晋南北朝史领域公认的大家。

早在1934年，学生时期的周一良发表了《日本内藤湖南先生在中国史学上的贡献》，开研究日本京都学派泰斗内藤湖南之先河。1953年起，转向日本史和亚洲史的研究，在日本史、中日关系史、中日交流史方面都有突出的成就，尤其是日本史造诣尤深，并创设了亚洲各国史课程，培养了一批亚洲及日本史的教学和研究人才，被誉为我国日本史学界的“三老”之一。

从20世纪40年代起，周一良就开始留意敦煌的新资料，发表了讨论唐代俗讲和佛经写卷方面的论文。50年代，与向达、王重民、启功等编著《敦煌变文集》。80年代开始研究敦煌写本书仪，开辟了敦煌学研究的新领域，填补了敦煌学研究中的空白。周一良1944年的博士论文《唐代印度来华密宗三僧考》，受到海内外专家的重视，奠定

1935年周一良在燕京大学毕业，获学士学位。

周一良

了他在佛学研究中的地位，至今仍富有生命力。

周一良教授在60余年的教学生涯中，以其渊博的学识、扎实严谨的学风、诲人不倦的师德，平易近人的态度，赢得了海内外学者的爱戴和尊敬。

主要论著有：《亚洲各国古代史》（上册）、《中日文化关系史论集》、《世界通史》（与吴于廑共同主编）、《魏晋南北朝史论集》、《魏晋南北朝史札记》、《魏晋南北朝史论集续编》、《中日文治维新的几个问题》、《中外文化关系史论》、《中外文化交流史》（主编）、《唐代密宗》、《乞活考》、《论梁武帝及其时代》、《领民酋长与六州都督》、《魏收之史学》、《唐代印度来华密宗三僧考》（英文）、《中国的梵文研究》、《敦煌写本书仪考》等。

1　2

1. 20世纪30年代，周一良与邓懿先后于燕京大学毕业后合影。

2. 1938年4月3日周一良与邓懿在天津结婚。

1. 1941年周一良在哈佛图书馆前。左起：杨联陞、任华、雷乐民、周一良。

2. 20世纪40年代前后，周一良在哈佛读书期间，在剑桥麦哲伦街33号斗室苦读梵文。

3. 1948年周一良全家合影于清华胜因院22号门前。

1

2

3

周一良

3

1

2

1. 1961年周一良教授参加接待日本史学家，左起：刘大年、周一良、高桥一、侯外庐、三岛一、翦伯赞、夏鼐、尹达。

2. 1964年周一良教授（右）在加纳恩克鲁玛学院讲课后的赠书仪式。

3. 1955年周一良教授（前右）与翦伯赞教授（前左）在法国。

1

2

3

1. 1973年周一良教授（左一）参加中日友协代表团访问日本。

2. 1983年周一良教授（前排右一）与北京大学世界史研究室全体成员合影。

3. 1986年周一良教授（左一）、与谭其骧（左二）、王钟翰（左三）、贾敬颜合影于民族学院王钟翰家。

周一良

1. 1987年周一良教授在巴黎圣母院后塞纳河畔。

2. 1987年周一良教授在香港敦煌学会议上。左起：柳存仁、冉云华、梅维恒、季羡林、周一良、潘重规。

3. 周一良教授（右）与汪荣祖教授在汪家门前合影。

4. 周一良教授（左）与美国中近东研究教授费耐生在哈佛合影。

1 2

3

1. 美国宾夕法尼亚大学校园内周一良教授（右）与弗兰克林（左）塑像合影，中间站立者为周一良夫人邓懿。

2. 1992年北京大学历史系建系九十周年时，周一良教授（二排中）与1954级学生合影。

3. 1993年周一良教授与燕京研究院的导师们合影。左起：侯仁之、林孟熹、张芝联、王钟翰、周一良。

周一良

1

2

3

1. 1997年2月周一良教授在日本大阪举行的山片蟠桃奖授奖仪式上讲演。

2. 1997年9月周一良教授（左）在友谊医院看望邓广铭教授（右二），右一为邓广铭教授的儿女邓小南教授。

3. 1998年1月周一良教授和夫人邓懿共庆周老的85岁生日。

风采

王铁崖

王铁崖

王铁崖（1913.7.6—2003.1.12）原名庆纯，号石蒂，生于福建省福州市。国际法学家、教育家、社会活动家。

王铁崖青少年时期在福州接受中国旧式教育和西式教育。1929年考入上海复旦大学，初学英语，一年后改上政治系。1931年经考试转入清华大学政治系三年级。1933年毕业，获法学学士学位，同年被保送进清华研究院，师从周鲠生教授攻读国际法，1936年毕业，获法学硕士学位，同年通过中美庚款留学考试。1937年赴英国伦敦政治经济学院，师从国际法学家劳特派特教授，继续研读国际法。1939年夏回国，到重庆任中国国际联盟同志会助理秘书兼《世界政治》主编。1940年，经周鲠生教授邀请，任乐山武汉大学教授。1942年转任重庆中央大学政治学系教授，同年与王彩女士结为伉俪。1946年秋，受周炳林教授和钱端升教授邀请北上，任北京大学政治系教授，讲授国际法。1947年继钱端教授之后任政治系主任。1952年院系调整，北京大学政治系取消，应翦伯赞教授之邀任历史系教授兼国际关系史教研室主任，讲授国际关系史。1956年转任法律系教授和国际法教研室主任。1978年开始在北大招收国际法硕士生。1979年在北大创办了全国第一个国际法本科专业。同年以中国代表团法律顾问身份出席在日内瓦和纽约举行的联合国第三次海洋法会议。1980年担任美国著名刊物《海洋发展与国际法》编委会委员，同年协助宦乡同志创立了中国国际法学会，始任副会长，1991年任会长，2000年任名誉会长。1983年在北大创立了全国第一个国际法研究所，任所长，同年开始招收国际法博士生。1981年被国际法研究院选为副院士，1987年当选为正院士，成为该学院第一个中国籍院士。1987年被选为世界艺术与科学院院士，1988年被“国际刑事法院基金会”授予“著名国际法学者”名誉奖状。1993年当选为国际常设仲裁法院仲裁员。1997年在联合国大会上当选为前南国际刑事法庭大法官，年底赴海牙上任。此外在北大还兼任校学术委员会和校务委员会委员、美国问题研究中心主任、中国国情研究中心顾问；在校外还曾兼任中国外交学院、中国政法大学、南开大学等校教授，中国社会科学院法学研究所研究员，中国政治学会顾问，中国国际关系史学会顾问。曾当选为北京市政协委员、全国政协委员。1985年被全国人大常委会任命为香港特别行政区基本法起草委员会委员。还曾担任过中国国际关系史研究会、中国海洋法学会、中国联合国协会、中国国际交流学会、中国国际文化交流中心、中国和平统一促进会等一系列全国性学术团体、人民团体的理事会成员或领导职务。20世纪50年代加入民盟，1983年加入中国共产党。

王铁崖教授长期从事国际法和国际关系的教学和研究工作。在国际法研究的理论和方法上，主张法律现实主义。他所谓的现实，是国际关系的现实，是国际关系为法律所制约的现实。他不赞成从应有法、抽象的理论甚至个人价值观出发去研究国际法，而坚持以国际关系的现实来分析和阐述现行国际法原则、规则和制度，坚持以国家利益及国际社会的整体利益为标准，区分、鉴别国际法中的主流和支流、现象和本质，从而为中国国际法学的健康发展把握住正确的方向。

王铁崖教授从事教育事业六十余年，他勤勉不懈，学问一生，把自己的毕生精力无私地奉献给了国际法在中国的传播与发展，是国际法领域的大学问家，是治学严谨、实事求是的一代楷模，是半个多世纪以来对中国国际法学界产生深远影响的一代宗师，为中国的国际法教育事业做出了重大贡献，他培养的一批又一批国际法人才成为中国国际法学的新一代中坚。2003年1月12日因病逝世。主要著作有：《新约研究》、《战争与条约》、《1871-1898年欧洲国际关系》、《1898-1914年欧洲国际关系》、《中外旧约章汇编》、《海洋法资料汇编》、《国际法》（主编）、

1

2

3

4

1. 1933年王铁崖在清华大学本科毕业时留影。

2. 20世纪30年代的王铁崖。

3. 1945年王铁崖教授在重庆与夫人王彩、大女儿王依合影。

4. 1936年王铁崖（中）与母亲（左）、姐姐在老家福州合影。

王铁崖

《王铁崖文选》、《中华法学大词典·国际法卷》（主编）、《中国大百科全书·法学卷》（与陈体强共同组织、编写书中的国际法词条）、《英法汉国际法辞汇》、《国际法引论》等；主要译著有：《国际法原理》、《海上国际法》（合译）、《奥本海国际法》（主持翻译）等。

1. 1982年王铁崖教授（左三）应美国加里弗尼亚大学法学院教授安守廉教授（左二）之请在该校讲学。

2. 1982年王铁崖教授在美国哥伦比亚大学讲学时和夫人王彩在楼前合影。

3. 1982年王铁崖教授(讲台左) 在美国旧金山讲学。

1

2

3

北京大学法律系国际法专业首届学生毕业留念 1983.6.11

1. 1982年王铁崖教授在洛杉矶UCLA--Law School讲学。

2. 20世纪80年代，王铁崖教授（右一）和夫人（左一）与他的老师著名法学家钱端升教授（左二）及夫人合影。

3. 1983年6月11日，王铁崖教授（前排左五）与法律系国际法专业首届毕业生合影。

王铁崖

1. 20世纪80年代，王铁崖教授在德国海德堡老城桥边留影。

2. 1987年11月，王铁崖教授作为中日友好协会访日代表团成员访问日本时留影。

3. 1987年11月，王铁崖教授在日本。

4. 20世纪80年代末，王铁崖教授在波士顿。

1. 20世纪80年代末，王铁崖教授与美国著名法学家柯恩（左）在一起。

2. 20世纪80年代末的王铁崖教授。

3. 20世纪80年代末，王铁崖教授在德国。

4. 1990年学生们在纽约参加“庆祝王铁崖教授从事教学五十周年大会”，会后合影，老友麦克唐纳（前排右二）从加拿大赶来参加此会，前排右三、右四为王铁崖教授和夫人。

王铁崖

1

1. 1993年“庆祝王铁崖教授八十寿辰暨北京大学国际法研究所成立十年”会场，主席台从左至右：雷洁琼、王铁崖、任建新、吴树青、陈岱孙、梁柱等。

2. 1997年11月17日王铁崖教授被任命为前南国际刑事法庭大法官，当天与夫人王彩在会场留影。

2

3

4

3. 1997年王铁崖教授在清华大学国际问题研究所成立大会上发言

4. 20世纪90年代，王铁崖教授（右二）和夫人（右三）与学生著名法学家端木正教授（右一）和夫人（左一）及著名法学家马骏教授（左二）合影留念。

1

2

1. 20世纪末，王铁崖教授（左）在海牙任前南国际刑事法庭大法官时与助手合影。

2. 1999年王铁崖教授（中）与老朋友著名法学家麦克唐纳（左）及学生清华大学法学院李兆杰教授在荷兰合影。

3. 1995年8月，王铁崖教授在法国艾菲尔铁塔顶端观看巴黎盛景。

4. 1994年王铁崖教授（中坐者）访问台湾东吴大学，与其原北京大学时的学生合影留念。

3

4

王铁崖

1 2 3 4 5

1. 2002年“王铁崖教授九十华诞庆贺会”的现场。

2. 20世纪末，王铁崖教授和夫人在美国联合国大厦门前合影。

3. 20世纪80年代，王铁崖教授访问英国时留影。

4. 1987年王铁崖教授访问法国时留影。

5. 1998年王铁崖教授在荷兰任前南国际刑事法庭大法官时留影。

风采

胡济民

胡济民

20世纪80年代的胡济民教授。

胡济民（1919.1.6–1998.9.9）江苏如皋人。核科学家和教育家，是北京大学技术物理系创始人之一。

父亲胡兆沂先生早年曾留学日本学法律，辛亥革命前曾在山东作过几年法官，辛亥革命后在北京或上海当律师。胡济民儿时在家跟老先生学识字，10岁在上海小学插班念五年级，中学进了大同大学的附属中学，其中初中二年级是在南通中学念的。1937年秋，胡济民考上了浙江大学化学系，在二年级就从化学系转到物理系，当时正处于抗日战争的艰苦年代，但在竺可桢校长的领导下，治学严谨，许多课程都是著名教授讲授，王淦昌教授教近代物理，束星北教授讲热学，王谟显教授讲量子力学，光学专家、当时的系主任何增禄教授讲光学并带光学实验。在这段时间，胡济民第一次接触到物理学的前沿，特别是正在发展的核物理学，他刻苦学习，为以后的学业打下了坚实的基础。1942年大学毕业。被留在浙大物理系当助教。1943年到重庆的交通大学当助教。1945年以优异的成绩考上了英国文化委员会资助去英国留学。到英国后，胡济民先在伯明翰大学学习。导师奥里芬特（Oliphant），是参加美国原子弹研究的科学家之一，刚从美国回英。但因专业关系胡济民要求转学，奥里芬特（Oliphant）支持胡济民转学，并介绍胡济民到他的好友、伦敦大学的莫赛（Massey）教授处去做研究生。因此，在伯明翰待了不到半年，胡济民到了伦敦，进了伦敦大学。在莫赛教授指导下用唯象的方法研究核力。由于他在核子间相互作用力的理论研究取得开创性成果，1948年获伦敦大学哲学博士学位。1949年9月回到了刚刚解放的浙江杭州，成为解放后第一批从海外归来的学子，应聘到浙江大学物理系任副教授，不久被任命为浙江大学副教务长。于1952年夏加入了中国共产党。1955年初，党中央决定创建核工业，发展核武器，在北京大学建立我国第一个培养核科技人才的教学基地——北

1

2

1. 1946年中国科学家在出席英国剑桥大学基本粒子会议时合影。右起为：吴大猷、钱三强、何泽慧、周培源、彭桓武、胡宁、梅镇岳、胡济民。

2. 胡济民（左）在英国留学时与程开甲合影。

京大学物理研究室。他奉调到北京大学，并由周恩来总理亲自批示，任命为物理研究室主任，负责筹建和领导物理研究室的工作。1956年和1957年相继培养出我国第一批核物理与放射化学的专门人才。1958年物理研究室扩建为原子能系，后又更名为技术物理系，他担任首任系主任直至1986年，在此期间，他还兼任技术物理系党总支书记、北大党委委员等职。1980年他当选为中国科学院学部委员（院士），后又兼任中科院数理学部常务委员、数理学部副主任。1982年至1986年连任两届中国核物理学会理事长，并兼任第一届全国核物理专业教材委员会主任和中国大百科全书物理卷核物理分卷编审，国家学位委员会学科评议组和国家自然科学基金评议组成员等职。1977年当选为北京市第七届人民代表大会代表。在他古稀之年，还兼任北京大学重离子物理研究所、兰州重离子加速器国家实验室和北京串列加速器核物理国家实验室的学术委员会主任等职，继续为我国核科技事业贡献力量。

胡济民教授是一位德高望重、科研教学成绩卓著的核科学家与教育家。半个世纪以来，他把自己的毕生精力，无私地奉献给我国的核科技事业与教育事业，为我国核工业的创建与核科学的发展作出了杰出的贡献。从担任物理研究室主任到技术物理系主任的三十余年间，他倾注全力、呕心沥血，带领全系广大师生，经过长期艰苦努力，把北大技术物理系建设成为我国核科学与核技术教学、科研的重要基地。在他积极筹划和组织领导下，于1983年在技术物理系的基础上，建立了北京大学重离子物理研究所，为核科学研究

胡济民

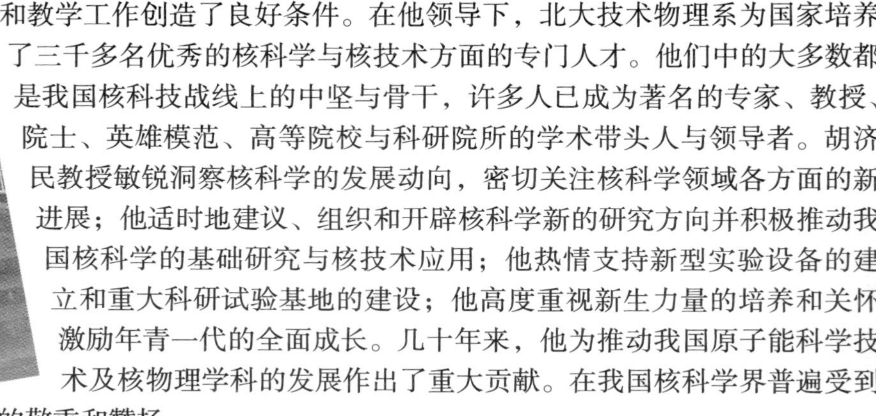

和教学工作创造了良好条件。在他领导下，北大技术物理系为国家培养了三千多名优秀的核科学与核技术方面的专门人才。他们中的大多数都是我国核科技战线上的中坚与骨干，许多人已成为著名的专家、教授、院士、英雄模范、高等院校与科研院所的学术带头人与领导者。胡济民教授敏锐洞察核科学的发展动向，密切关注核科学领域各方面的新进展；他适时地建议、组织和开辟核科学新的研究方向并积极推动我国核科学的基础研究与核技术应用；他热情支持新型实验设备的建立和重大科研试验基地的建设；他高度重视新生力量的培养和关怀激励年青一代的全面成长。几十年来，他为推动我国原子能科学技术及核物理学科的发展作出了重大贡献。在我国核科学界普遍受到人们的敬重和赞扬。

1

2

胡济民教授学识渊博、思想活跃，科学严谨、勇于创新，为解决核科学领域的许多重大课题进行了长期不懈的努力，在原子核力、原子核结构、重离子核物理、裂变物理以及等离子体物理等学科领域，都取得了重大成果。早在50年代中期，他就积极倡导开展核聚变和等离子体物理的研究，为我国在这一领域做了开创性的工作。70年代，正当重离子核物理成为核科学研究前沿课题时，他就从理论上探索合成超重核的可能性，并提出了重离子核反应要经过中间阶段的“准复合核模型”。70年代中期，他关心、支持我国核数据编评和核数据库的建立工作，并亲自领导和参加裂变核数据计算和裂变机制的研究工作，他首创的多维裂变布朗运动模型取得了重要成果。进入80年代，他在比较、分析已有核模型基础上，提出了新的原子核宏观模型，并应用于研究原子核的性质取得了新的进展。到了90年代，他又在高自旋超形变态研究领域，发展了原子核的振动与转动模型，为核结构研究作出了新的贡献。

1. 20世纪80年代初，胡济民教授（前排右三）参加中国核物理代表团访问美国，代表团成员与美国朋友在加州大学伯克莱分校合影。

2. 20世纪80年代，胡济民教授主持近代物理研究所博士生论文答辩会，胡济民教授为答辩委员会主席。

3. 20世纪80年代，胡济民教授在全国核物理会议上讲话。

3

1. 20世纪80年代初,胡济民教授（左四）参观美国加州大学伯克莱分校实验室。

2. 20世纪80年代，胡济民教授（右）与核物理学家J.R. Huizenga在北京大学临湖轩合影。

3. 20世纪90年代，胡济民教授在工作。

1

2

3

胡济民教授几十年如一日，辛勤耕耘在教学第一线。他亲自授课、指导研究生。他既主讲普通物理、理论力学、量子力学等基础课，也讲授原子核物理、等离子体物理和原子核理论等专业课。他还经常给大学生、研究生和科技人员作核科学报告与讲座，介绍核科学的最新进展和自己研究成果。还为全校新开设的公共选修课《人类生存发展与核科学》讲授了第一堂课。他对学生严格要求，循循善诱，言传身教，鼓励学生为发展核科学与原子能事业作贡献。

胡济民教授在原子核理论方面精深的学术造诣、丰硕的科研成果和他长期从教的丰富经验，凝结成重要的教材和科技专著，为我国的核科学留下了宝贵的财富。他主编出版的《原子核理论》一、二卷，已成为我国核理论教学必备教材和核科技工作者重要参考书。他的专著《原子核的宏观模型》和由北京大学出版社出版的北京大学院士文库《核裂变物学》,更是他多年研究成果的结晶。

胡济民

1

2

3

4

1. 20世纪90年代，胡济民教授（前排右三）在一次会议的主席台上。

2. 1995年9月胡济民教授（右三）在北京大学技术物理系40周年纪念会上。

3. 思考——20世纪90年代的胡济民教授。

4. 1997年11月胡济民教授（左八）参加中国科学院近代物理研究所召开的定位试点评议会，会后与会者合影。

20世纪90年代的胡济民教授。

胡济民

1

2

3

1. 1997年11月胡济民教授（前排左二）参加博士生论文答辩会,会后合影。

2. 20世纪90年代，胡济民教授去大连讲学，与夫人钟云霄教授在大连海边留影。

3. 工作之余——胡济民教授逗猫。

北京大学技术物理系的创始人之一——胡济民教授。

胡济民

1

2

1. 胡济民教授（前排左四）与返校同学亲切交谈。

2. 北大的62级学生中国残联主席邓朴方（前排右二）回校看望老师——陈佳洱教授（后排右一）、胡济民教授（后排右三）。

风采

高小霞

高小霞

高小霞（1919.7.7–1998.9.9）浙江萧山人。分析化学和电分析化学家。中国科学院学部委员（院士）。

1944年毕业于上海交通大学化学系。1946–1948年在上海中央研究院化学研究所任助理研究员。1949年在美国纽约大学研究生院攻读分析化学微量分析，1951年初获分析化学硕士学位。为了能早日参加新中国建设，报效祖国，她放弃在美国继续攻读博士学位的机会，克服重重阻挠，于1951年5月回到祖国。后在北京大学化学系任教，历任讲师、副教授、教授、博士生导师、分析化学教研室主任等职。1951年加入中国民主同盟，1964年加入中国共产党。1980年当选为中国科学院学部委员（院士）。曾任第一、二届国务院学位委员会学科评议组成员，北京市第一届科学技术顾问，中国化学学会第21、22届常务理事，《分析化学》、《中国稀土学报》、《高等学校化学学报》等期刊编委，《分析化学丛书》主编，第三届全国人大代表，第五、六、七届全国政协委员，北京市第五届政协委员等职。

高小霞教授近半个世纪一直从事分析化学教学、科研和组织工作。在教学工作方面，从20世纪50年代初开始，先后开设讲授“分析化学”、“仪器分析”、“电化学分析”、“高等电化学分析”等课程，特别是“仪器分析”。在50年代初，“仪器分析”是分析化学专业新开设的课程，她从教材的编写、讲授，实验仪器购置、组装及实验课的设置等进行了艰苦细致的工作，使北大分析化学专业成为国内最早开设《仪器分析》课程的学校之一。从1953年开始培养了高等院校、科研院所及生产单位的数十名进修人员。从1955年起开始指导研究生，先后有近40名博士和硕士研究生毕业。他们中的大多数已成为高等院校、科研院所的教学、科研骨干和学术带头人。

20世纪50年代初期，在从事教学工作的同时，在实验条件很困难的情况下，努力开展科研工作，从一开始就注意将基础理论的研究与国家建设的需要结合起来。在取得双极化电极电流滴定理论创新性成果的同时，开展了对矿产资源、金属冶炼中的分析方法研究。50年代后期，针对当时高纯金属材料和半导体生产中微量杂质分析的要求，各种分析方法都要力求提高灵敏度。她开始利用化学催化反应于极谱分析来提高分析灵敏度，称为极谱催化波。她领导小组人员开创一类简捷灵敏的几十种微量元素的极谱催化波方法，引发国内对催化波的研究兴趣和方法的广泛应用。1965年参加在前民主德国举行的《国际纯物料会议》，报告论文《极谱催化波的机理和应用于痕量分析》，受到好评。

1971年她从江西干校回到化学系，在极端困难条件下，面对遭到“文革”破坏的实验室，带领学员与北京分析仪器厂和北京卫生研究所同行一起，边学边干，日夜奋战，经过数月的反复钻研，研制成大气氮氧化物自动测试仪，从理论和应用上都达到了监测要求，成功地安装在我国自行研制的第一台大气监测车上，得到市环保局的嘉奖。

1978年针对我国有丰富的稀土资源和广泛的应用前景，选择了稀土极谱分析作为研究方向，指导研究生和电分析组成员经过几年的努力探索，提出了20多种稀土络合吸附波分析方法，可用国产小型示波极谱仪测定微量个别稀土和稀土总量，促进了国内对稀土及其他微量元素络合吸附波的研究和应用，解决了不少分析难题。1980年在布拉格召开的“纪念海洛夫斯基学术报告会”上作了有关“稀土极谱分析”的学术报告，受到国际科学家的重视。与此同时，她还注意到我国施用“稀土微肥”于农田，使农作物增产，但其作用机理和生理功能却尚未知晓。面对这一国内外均在探索的难题，她带领科研小组与中科院植物所协作，用提出的极谱络合吸附波法测定了某些植物，如茶叶、黄瓜根、茎、叶及伤流液中的稀土含量，

1. 1946年4月18日徐光宪与高小霞结为伉俪。

2. 1949年徐光宪与高小霞在美国哥伦比亚大学合影。

3. 1951年4月15日高小霞与徐光宪克服重重困难，从旧金山乘船回到祖国，高小霞在甲板上留影。

高小霞

1

1. 1964年徐光宪、高小霞教授的全家福照。

2. 1979年高小霞（前排左二）在实验室指导研究生做实验。

3. 1976年高小霞教授（左二）与陈念贻教授（左三）曾云鄂教授（左四）等在东德柏林参加电分析化学国际会议，后访问柏林时合影。

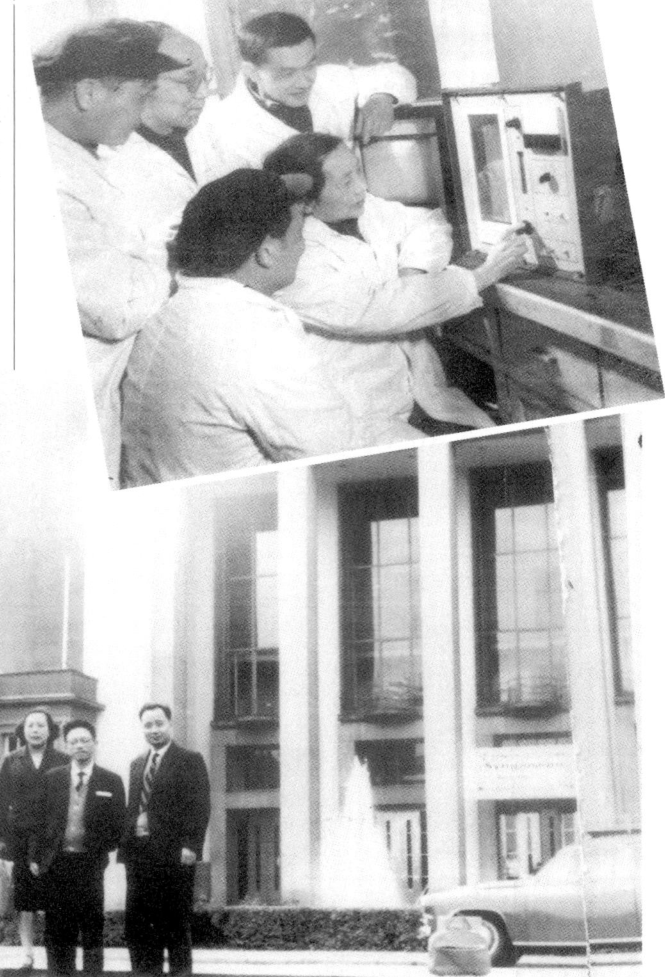

2

3

研究其在植物中的分布规律。除发表了相应论文外，将这一时期的科研成果总结在由ED.K.A. Gschneidner Jr.和L.Eyring主编的《Handbook on the Physics and Chemistry of Rare Earths》（稀土物理化学手册）第8卷第55章（1986年），开拓了稀土分析的一个新领域，也发展了极谱分析，是具有国际先进水平的研究成果。

1989年她在已过古稀之年身患癌症情况下，以顽强的毅力坚持工作，她瞄准国际科技发展的前沿并结合我国的实际，开展了在模拟生物膜（BLM）中稀土络合物光--电效应和稀土对植物根系氮素同化过程中有关酶活性以及稀土、锌对谷氨酸脱氢酶乳酸脱氢酶等催化活性和酶催反应机理的研究等，取得了一系列高水平的成果。

近半个世纪来，她长期从事分析化学的教学和科研,她领导电分析化学小组进行极谱催化波的研究，开创了几十种微量元素的灵敏分析方法，特别是微量稀土元素的极谱分析法在国内外领先。高小霞教授通过坚持不懈的努力，为发展我国的分析化学教学与科学研究及高素质人才的培养作出了重大的贡献。

在科研领域，除在国内外刊物上发表了200余篇论文外，还在总结各个时期科研成果的基础上撰写五本著作：《铂族元素极谱催化波》（与姚修仁合著）、《电化学分析法在环保监测中的应用》、《电分析化学导论》（高小霞等）、《极谱催化波》、《稀土农用与电分析化学》等。还主编了《分析化学丛书》。由于她学术和科研上的成就，1982年荣获得国家自然科学三等奖，1985年荣获得北京市科技进步三等奖，1988年荣获得国家教委科技进步二等奖。

1

2

3

1. 1980年北京大学高小霞教授与南京大学高鸿教授（左）同时当选为中国科学院学部委员，他们都是电分析化学家,共同负责国家重大基金项目，结下了深厚友谊，被同行们亲切地称为“南高、北高”。

2. 1982年4月，高小霞在朗润园湖边与女儿徐燕、徐佳、徐放合影。

3. 1980年中国科学院有15位学部委员（院士），除林巧稚因病住院外，这张照片是其余14位的合影，殊为珍贵，现在健在的已不到一半了，右四为高小霞院士。

高小霞

1

2

1. 1978—1993年高小霞教授当选为五、六、七届全国政协委员，1984年在广州与政协女委员合影。右起：张素我、白淑湘、高小霞、冯理达、邹德华、方鞠芬。

2. 1984年高小霞教授与徐光宪教授在孙中山先生故居合影。

3. 1985年11月27日，高小霞教授（一排右六）在日本京都参加中日双边分析化学会。

3

1. 1986年高小霞教授与徐光宪教授在绍兴欢度红宝石婚（结婚40年）。

2. 1987年的高小霞教授。

3. 1994年高小霞教授与她培养的分析化学博士焦奎（左 任青岛科技大学校长）和博士后庄乾坤（右 现任国家自然科学基金委员会分析科学部主任）在扬州参加全国分析化学会议时合影。

高小霞

1　2　3

1. 1997年12月2日高小霞教授身患癌症，仍在家中整理科研论文。

2. 1998年3月中央台“东方之子”节目组在高小霞教授家中录制节目，此时的她已身患癌症，但她还是那么乐观、顽强。

3. 1998年4月18日，高小霞教授与徐光宪教授在陶然亭纪念结婚52年合影留念。

黄昆

黄昆

1. 黄昆（前排左二）幼年与外祖母（二排左一）、祖母（二排右一）、父亲（后排右）、母亲（后排左）合影。

2. 上初中时的黄昆。

黄昆（1919.9.2–2005.7.6）原籍浙江嘉兴，生于北京。固体物理学家。中国科学院学部委员（院士）。

父亲黄溦是中国银行高级职员，母亲贺延祉毕业于北京女子师范大学，为人严肃认真，对黄昆少年时期的成长有过很大的影响。黄昆先后在蒙养园、北京师范大学附小、上海光华小学、燕京大学附中、潞河中学等学校上学，学习成绩优异，高中三年，各科成绩始终是全班第一。1937年以优异的成绩考入燕京大学物理系，年年获得学校的最高奖学金，学习成绩始终是全年级之冠。燕大物理系主任英国人班·威廉对他非常器重，亲自指导他的毕业论文《海森伯和薛定锷量子力学理论的等价性》，1941年大学毕业并获学士学位，后在昆明西南联合大学物理系任教。1942年他考取西南联大理论物理研究生，师从著名的物理学家吴大猷教授，1944年以论文《日冕光谱线的激起》获得了北京大学硕士学位。1944年8月他被录取为庚款公费物理学留英学生，1945年8月赴英国留学，在英国布里斯托尔大学学习，是国际上知名的固体物理学家莫特（N.F.Mott）（1977年诺贝尔物理奖获得者）的研究生，莫特在原子碰撞理论、金属导体、离子晶体、半导体等领域做出了许多有影响的工作。在莫特老师的教导和帮助下，黄昆撰写了《稀固溶体的X光漫散射》等三篇论文，于1948年1月获哲学博士学位。1947年5月，他到英国爱丁堡大学物理系，与当代物理学大师玻恩（M.Born）（1954年诺贝尔物理奖获得者）短期合作，玻恩教授希望黄昆能与他合作，把他已写了一部分的专著《晶格动力学理论》写完，因黄昆当时已接受北京大学物理学系主任饶毓泰教授的聘请，回国到北京大学大学任教，在经得饶毓泰教授的同意并热情支持下，黄昆留在了英国。1948年初，黄昆接受了英国利物浦大学理论物理系主任弗罗利希（H.Frohlich）的聘请，成为该系的博士后研究员，同时也与玻恩合作，开始撰写

《晶格动力学理论》。在此期间，他在固体物理理论方面取得了丰硕的成果，1950年他第一次提出了晶体中束缚电子辐射与非辐射跃迁的量子理论，后来的发展表明，该工作为固体中杂质缺陷光谱和半导体中截流子间复合奠定了理论基础。1951年他建立了描述长光学振动的唯象方程组（后来被称为黄方程），并在此基础上导出了光学声子与电磁波的耦合振荡模式。与此同时，他与玻恩教授合作完成了《晶格动力学理论》，这是一本被国际公认的这一学科领域的权威著作。

1951年底回国，到北京大学物理系任教授，1954年任物理系固体教研室主任直至1977年。1955年当选为中国科学院学部委员（院士），年仅36岁，是当时学部委员中最年轻的一员。1959年加入中国共产党。1977—1983年任中国科学院半导体研究所所长。1980年被选为瑞典皇家科学院外籍院士。自1983年后，任中国科学院半导体研究所名誉所长。1984年中美洲州立大学协会授予他“卓越的外国学者”称号。1985年被选为第三世界科学院院士。1987年—1991年出任中国物理学会理事长。还是中国科学院主席团成员，全国人大代表，全国政协常委。

黄昆院士是一位国际知名的固体物理学家，对固体物理学做出许多开拓性的贡献。他在英国当研究生期间的第一篇论文《稀固溶体的X光漫散射》指出杂质原子溶在晶体中，由于它所引起的弹性畸变，将发生X光的漫散射，其强度集中在X光衍射斑点附近。他的估算表明，这种漫散射可在低温下观察到。这种散射首先被他提出而被称为“黄散射”，这是他学术上的第一大成就。他学术上的第二大成就是提出了“黄—里斯(Huang—Rhys)理论”。1950年他与里斯（即黄昆夫人李爱扶）在《F心的光吸收与非辐射跃迁理论》的文章中首次提出了晶体中束缚态电子吸收光子同时吸收或发射多声子而跃迁的量子理论，在这篇论文中还提出了束缚态电子仅依靠吸收或

1

1. 黄昆在璐河中学毕业暨报考燕京大学时所用的照片。

2. 1941年黄昆在燕京大学物理实验室里。

3. 20世纪40年代，黄昆在英国布里斯特尔大学做莫特教授的博士生。

2

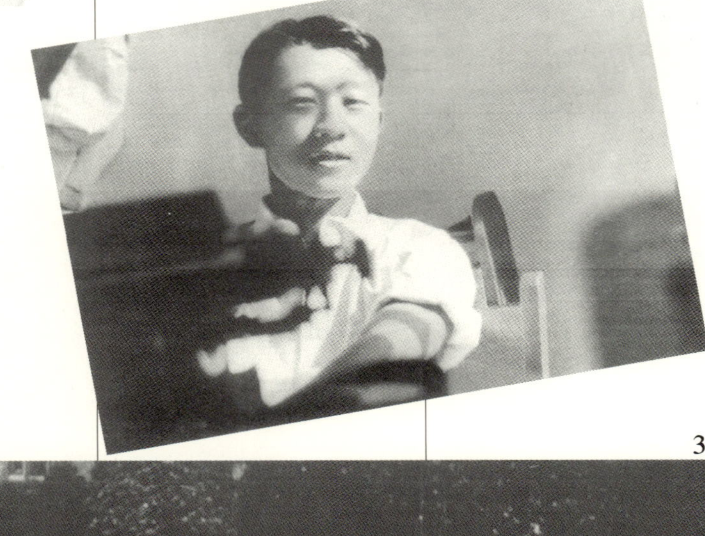

3

黄昆

1
2
3

1. 20世纪40年代，黄昆在英国利物浦大学做博士后。

2. 20世纪40年代，黄昆在英国利物浦大学做博士后时，与费勒利希（H.Frohlich)（中）和巴蒂亚（A.B.ABhatia)（右）的合影。

3. 1952年黄昆教授与刚到中国的李爱扶合影，这也是他们的结婚照。

发射多声子实现非辐射跃迁的理论。国际物理学界公认他们的这项理论工作有开拓性的意义，并把这一理论称为“黄—里斯（或黄—佩卡）理论”，并把论文中标志晶格弛豫强度的参数称为“黄—里斯”参数。1977年以后，他在非辐射跃迁理论的领域里又开始了新的探索，1980年写成了《多声子非辐射跃迁的绝热近似和静态耦合理论》，该文澄清了这方面理论中的一些根本性的疑难，使出发点迥然不同的绝热近似和静态耦合理论有了统一的基础。他学术上的第三大成就是提出了黄方程与光学声子—电磁波耦合振动模，他建立了W、P与宏观电场所满足的一组唯象方程，在此基础上可以精确地处理一系列在过去看来是十分困难的问题，该方程组在国际上被称为“黄方程”。他学术上的第四大成就是他和玻恩（M.Born）合作，写成了《晶格动力学理论》（《Dynamical Theary of Crystal Lattices》〈1954〉），这部著作不仅是对晶格动力学这一固体物理的基本领域所进行的系统总结，用严谨的体系和物理图象清晰地叙述总结了这个领域，而且还做了一系列创造性的工作。此书是世界各主要大学有关学科研究生的必读参考书，已成为该学科领域的权威著作。黄昆还对超晶格的电子态与光学声子理论也作出了贡献，他与朱邦芳提出了“光学声子量子阱模型”（国际上有人称为黄—朱模型）；黄昆等又成功地给出了国际上第一个系统的超晶格光学声子喇曼散射的微观理论，回答了为什么在固体材料中电偶极跃迁禁戒的Frohlich散射在超晶格中却是允许的疑问。

黄昆教授不仅是一位杰出的科学家，也是一位优秀的教育家。他对中国高等学校物理专业的发展作出了卓越的贡献。他在普通物理课程体系、半导体物理的教育体系以及固体物理等课程的教学建设方面做了一系列奠基性的工作。五十多年来，他为我国培养了一大批有事业心并有成就的固体物理学家和半导体专家。

由于他在固体物理领域的一系列重要贡献，先后荣获中国科学院自然科学三等奖一次（1957年）、一等奖两次（1981年、1989年）二等奖一次（1990年）；他的原著韩汝琦改编的《固体物理学》一书荣获全国高等学校第二届优秀教材特等奖；2002年3月他荣获中国科学技术界的最高荣誉—2001年国家最高科学技术奖。主要著作有《固体物理学》、《半导体物理学》、《半导体物理基础》、《晶格动力学理论》、《Dynamical Theary of Crystal Lattices》（合著）等。

3

1. 1941年在燕京大学本科毕业时的黄昆。

2. 1971年黄昆教授（左）与杨振宁教授在北大的物理楼前合影留念。

3. 20世纪80年代初黄昆教授在办公室里指导他的博士生王炳燊。

4. 黄昆教授在中国科学院半导体研究所图书室里阅读文献。

黄昆

1. 1982年9月黄昆教授（右二）在法国蒙波利埃召开的第16届国际半导体物理会议晚宴上，右起第一人是大会主席巴尔坎斯基（M.Balkanski）教授。

2. 1984年黄昆教授在密苏里大学给学生讲课。

3. 1986年2月，黄昆教授在德国马普学会固体物理研究所举办的庆贺老师弗勒利希（H.Frohlich）教授八十寿辰国际学术会议上作学术报告。

4. 80年代黄昆教授在科学院半导体所与来访的诺贝尔奖获得者布洛姆伯根（N. Bloombngen）教授合影。

1

1\. 1983年2月黄昆教授与杨振宁教授（右）在北京长安街合影。

2\. 黄昆教授与夫人李爱扶。

3\. 1990年在北大庆贺黄昆教授70寿辰。

4\. 1980年黄昆教授在日本京都半导体国际会议上主持一次分会。

2

3

4

黄昆

1. 1991黄昆教授去美国参加吴大猷荣获密歇根大学荣誉科学博士学位时留影。

2. 黄昆教授手书的他的名言。

3. 1991年吴大猷（右）、黄昆（中）和杨振宁（左）在美国密歇根大学授予吴大猷教授荣誉科学博士学位的研讨会上。

1

学习知識不是越多越好越深越好而是应当与自己驾驭知識的能力相匹配。

黄昆
一九九〇·十一月

2

3

1. 1992年6月1日，西南联大时期的“三剑客”——杨振宁（右）、张守兼（中）和黄昆（左）在北京大学勺园餐厅举行的“庆贺周培源教授90寿辰”的晚宴上重逢时留下珍贵的合影。

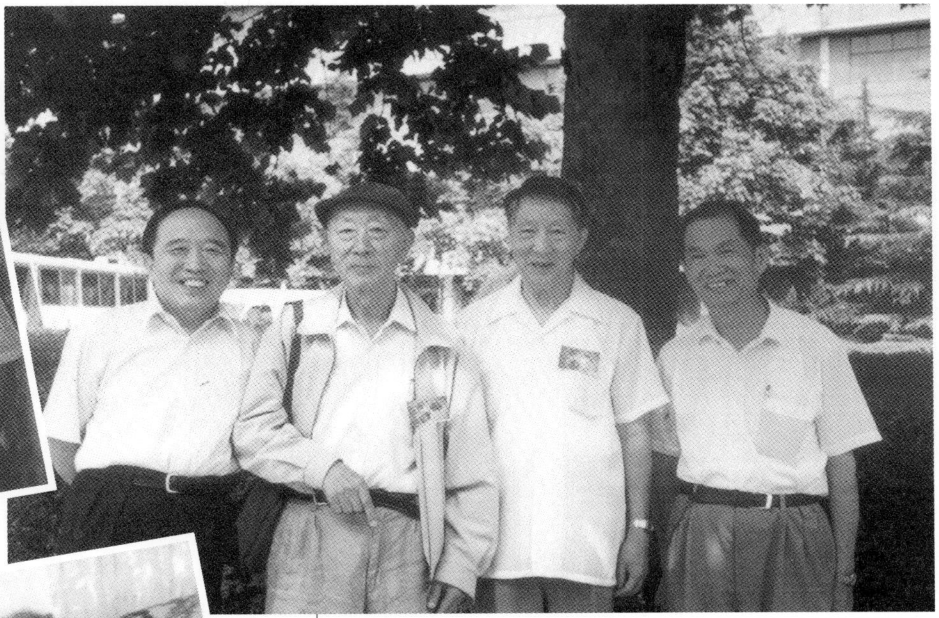

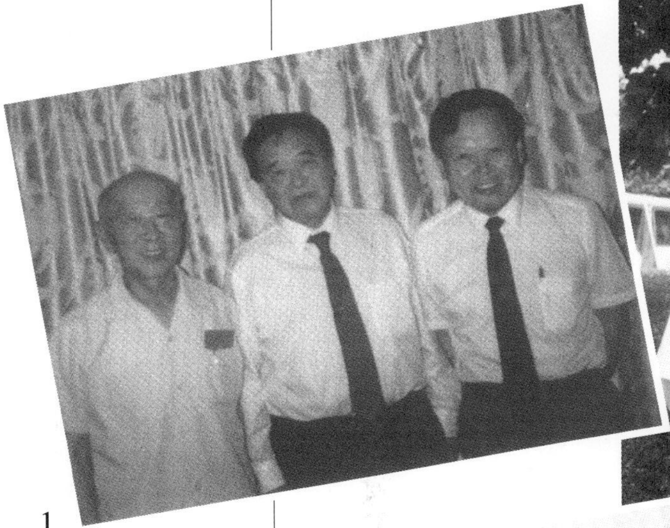

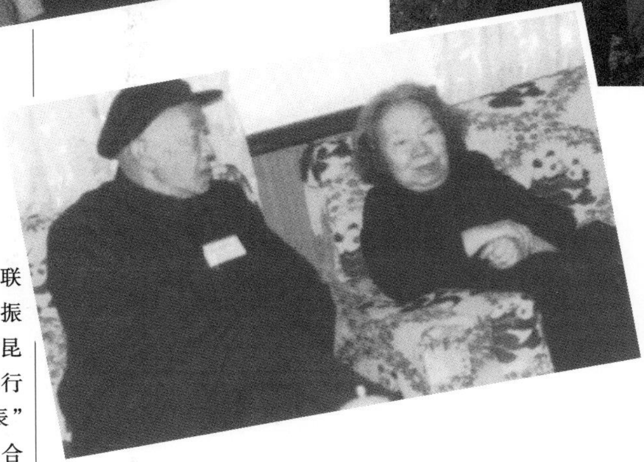

2. 1998年北大百年校庆，黄昆教授（左二）与沈克琦教授（右二）、韩汝琦教授（左一）等合影。

3. 中国半导体物理的两位先驱——黄昆（左）和谢希德。

4. 20世纪80年代初，黄昆教授（右一）在美国纽约州立大学奥尔巴尼分校，在物理系系主任的陪同下，参观了该系的实验室。

5. 20世纪90年代的黄昆教授。

黄昆

1

2

3

4

1. 2000年黄昆教授荣获香港科技大学理学荣誉博士学位。

2. 2002年黄昆院士（中）与中国科学院半导体所所长郑厚植院士（左一）和夏建白院士（右一）在讨论工作。

3. 1999年11月黄昆院士第一次打保龄球。

4. 2002年2月1日，江泽民主席把亲自签署的国家最高科学技术奖证书颁发给黄昆院士。

风采

廖山涛

1

2

1. 廖山涛教授（1920.1.4–1977.6.6）

2. 1956年廖山涛教授从美国留学回到北京大学任教，寓居在北大蔚秀园平房小院，这是他与夫人汪鸿仪合影。

廖山涛（1920.1.4–1997.6.6）湖南衡山人。数学家。中国科学院学部委员（院士）。

廖山涛生在农村，父亲廖子豪在家务农，粗通诗文和小学算术，从小对廖山涛的教育十分严格，常让儿子背诵古文和演算四则难题，这给廖山涛以后的学习打下了坚实的基础。廖山涛在中学时期就酷爱数学，对数学难题常常是废寝忘食，总要苦苦思索，直到完全解决才肯罢休。1938年在西南联合大学数学系学习，1942年毕业。后曾在滇池之滨西山华亭寺内苦读一些拓扑学的名著，为他以后研究拓扑学奠定了基础。1946年在北京大学数学系任教。后在中央研究院数学所从事教学和研究工作。1950年到美国芝加哥大学研究生院数学系学习，在陈省身教授的指导下，完成了博士论文《纤维丛的第二阻碍类》，获得博士学位。1952–1955年先后在美国普林斯顿高级研究院和普林斯顿大学从事研究工作，在这段日子内，他把全部精力投入了拓扑学研究。1956年他放弃了著名数学大师斯廷罗德（N.E.steenrod）在科研上为他安排工作的良机，毅然回到祖国，任北京大学数学系教授，直至逝世。

廖山涛教授的研究工作大致可以分为两个阶段。前一阶段（1960年以前）从事代数拓扑学的研究，他所研究的课题和发表的论文涉及周期变换、同伦论和纤维丛等广泛的课题，在这些方面都有重要建树。后一阶段从1961年开始致力于刚刚兴起的微分动力系统领域的研究，加入了开拓者的行列，是这一领域的少数几个先驱者之一。经过多年的潜心研究，他终于找到了一条与国际上采用并发展起来的几何式和泛函分析式的接触办法不同的研究路线，相继提出“典范方程组”和“阻碍集”两个基本概念，并以此为核心，形成了自己独特的研究体系，与西方学派相辉映，为微分动力系统这一学科在现代的发展做出了巨大的贡献。他在典范方程组的线性部分的探讨中，引入了一种积分，这实质上就是几年后在国外用别种方式引进的常微系统的Lyapunov指数，现在Lyapunov指数已成为研究微分动力系统的最重要的工具之一，1984年美国著名的数学家G.Sell访华了解这情况后，曾推崇廖山涛是在微分动力系统中研究遍历理论的先锋。在典范方程组的基础上，他又发现了阻碍集。从阻碍集出发，他提出并探讨了“正常集”，证明了：所考虑的流形自身是正常集当且仅当常微系统满足Smale公理A和强匀断条件。他对微分动力系统的贡献，不只是具体的结果，尤其是他提供的理论和方法，其内容宽广而深刻，包含着许多创造性的数学思想，为微分动力系统这一学科做出了重大的贡献。1986年由于他在球面上的周期变换与动力学的定性理论两个不同领域的基本贡献，使他荣获第三世界科学院首次颁发的数学奖，并被选为第三世界科学院院士。在国内，1982年荣获国家自然科学二等奖，1987年荣获国家自然科学一等奖，1995年荣获何梁何利科技进步奖。

廖山涛教授在治学态度上主张从难从严要求自己，他年轻时好读书，年长时爱思索，在科学上他要求自己之严厉所达到的近乎苛刻的程度，才使他后来有力量在数学研究上独树一帜，进行大量的探索和创造，形成自己独特的研究体系。他还主张数学研究要放眼世界数学的主流，要学习别人的经验，但要摆脱束缚，走自己的路。他十分强调科学工作者必须要有首创精神和开拓精神，要有严谨的学风，还应具有献身精神，一旦选定自己的目标，就要为之奋斗。他的一生体现了这种精神，逝世的前一天晚上，他仍在研究数学问题，工作到生命的最后一刻。他是学术界公认的一位德高望重、学术上有很高造诣的著名数学家。

他在数学教学园地辛勤工作数十载，在教学上他主张启发式和独立思考，以高标准要求学生，他为我国培养了一批具有深厚数学根基、并

1. 廖山涛教授（左）与导师江泽涵教授（中）、友程民德教授在杭州开会期间的合影。

2. 1979年廖山涛教授（右）与程民德教授在四川峨嵋山开会后在峨嵋山之麓留影。

3. 1979年廖山涛教授应邀访问美国，这是在美国旧金山与著名数学家吴文俊教授（右）的合影。

廖山涛

具有创造才华的学生，他们已在廖山涛教授所开创的动力系统等研究领域做出了重要的贡献。

主要论著有：《纤维丛理论及应用中几个问题》、《同伦论基础》（合著）、《微分动力系统的定性理论》、《典范方程组》、《阻碍集》（1）（2）、《廖山涛论微分动力系统》、《Qualitative Theory of Differentiable Dynamical Systems》等。

1. 廖山涛教授与应邀来我国访问的著名数学家S.Smale（左）合影。

2. 廖山涛教授与导师陈省身教授（左）合影。

3. 1982年廖山涛教授与友人美国马里兰大学朱辛教授访问北京大学时合影，左起：丁同仁、张芷芬、朱辛、廖山涛、黄文灶、董镇喜。

4. 1983年廖山涛教授迁至北大中关园43楼，从此他就一直工作在这间书房中。

1

2

3

4

5

1. 1986年10月26日第三世界科学院举行隆重授奖仪式，第三世界科学院院长、诺贝尔物理奖获得萨拉姆（右二）将首次颁发的数学奖授给廖山涛院士（左三）。

2. 1986年10月26日廖山涛教授手捧第三世界科学院首次颁发的数学奖奖牌所摄的纪念照。

3. 这是第三世界科学院1986年10月26日授予廖山涛教授的数学奖奖牌，表彰他在球上周期变换与微分动力学的定性理论两个不同领域所做的基本贡献。

4. 1986年10月26日，廖山涛教授在第三世界科学院授奖仪式上作学术演讲。

5. 1986年10月26日，中国科学院院长卢嘉锡教授（右二）向廖山涛教授（左一）获奖表示祝贺。

廖山涛

1

2

3

1. 1986年11月15日北京大学隆重举行大会庆祝廖山涛教授获得第三世界科学院首次颁发的数学奖，会后廖山涛教授（右二）与丁石孙校长（右一）、江泽涵教授（右三）、国家教委杨海波副主任合影。

2. 廖山涛教授（中）与他的学生张筑生教授（左一）、文兰教授（右一）在北大图书馆前合影。

3. 1990年1月6日北京大学数学系、数学所举行祝贺廖山涛教授七十寿辰纪念会，与会同志与廖山涛教授（前排右三）合影，前排右二为程民德教授，前排右四为丁石孙教授。

1. 1993年中科院学部会议，与会数学学部院士合影，前排左三为廖山涛教授。后排左一为吴文俊教授，前排左二为程民德教授。

2. 1996年6月在廖山涛教授的指导下，北京大学主办国际动力系统会议，国际许多著名学者参加了大会。这是廖山涛教授（前排左四）与美国菲尔兹奖获得者Smale（左三）、国际数学家联盟秘书长Palis夫妇（右三、四）等合影。前排左一为董镇喜教授，前排左二为张恭庆教授，前排右二为姜伯驹教授。

3. 廖山涛教授在思考。

1

2

3

廖山涛

1. 廖山涛教授与夫人汪鸿仪的合影。

2. 1986年11月，廖山涛教授（左一）从意大利荣获第三世界科学院数学奖归来，在首都机场与夫人汪鸿仪（左二）、次子廖章林（左三）、儿媳、孙子们合影。

2

1

风采

王　选

王选（1937.2.5—2005.2.13）

江苏无锡人。计算机专家。中国科学院学部委员（院士），中国工程院院士。

王选生长在一个知识分子的家庭，外祖父留学日本，是我国比较早从事化学和测绘工作的科技人员。父亲王守其毕业于上海南洋大学（现在的上海交通大学），后在新通工程贸易公司任会计师，工作认真，一丝不苟，是一位具有高尚民族气节的爱国知识分子。母亲是一位开明的知识妇女，虽没有受过高等教育，但知识广博。这样的家庭为他成才提供了一个良好的环境。王选4岁上南洋模范中学的幼稚园，5岁上南洋模范中学的附属小学，从这里开始了他的求学生涯。他学习努力，品学兼优，被保送升入南洋模范中学。在中学阶段，不仅学习成绩优秀，而且担任了大量的社会工作，繁忙的社会工作并没有影响他的学业，他的成绩在班上名列前茅，数学成绩令人瞩目，语文、英语也很突出，其他学科成绩也都不错，中学阶段各科打下的扎实的基础，对他后来事业上的成功起了非常好的作用。1954年8月，他以优异的成绩考入北大数学力学系，在北大学习期间，他得到了江泽涵、丁石孙、王仁等著名学者的培养和指导，在他们的指导下，王选学会了科学归纳问题、分析问题的方法，养成了严密的、精确的逻辑思维方式，以优异的成绩于1958年毕业，后留校在无线电系任助教。1958年至1961年，他作为主要参与人员参加了由北京大学组织的中型计算机的研制工作，主要负责逻辑设计和调试工作。1961年后，在长期工作劳累过度且患有多种疾病的情况下他仍然作为总体设计负责人，于1967年完成高级语言DJS21机ALGOL60编译系统的研制工作，并取得了成功，这是国内最早的几个实用编译系统之一，为在我国推广计算机高级语言发挥了积极作用，被列入中国计算机工业发展史大事记中。1979年起历任北京大学计算机科学技术研究所副所长、所长，北京大学副教授、教

1　　2

1. 童年的王选有一个幸福温馨的家庭。左起：王选、二哥、大哥、母亲、父亲、二姐、大姐。

2. 幼年的王选（右一）对世界充满好奇。

授、计算机应用专业博士生导师。兼任文字信息处理技术国家重点实验室主任，电子出版新技术国家工程研究中心主任，方正控股有限公司董事局主席，中国文字信息学会常务理事，中国科学技术协会副主席，九三学社中央委员会副主席，第八届全国政协委员，第九届全国人大常委，人大教科文卫委员会副主任等职。1991年当选为中国科学院学部委员（院士），1993年当选为第三世界科学院院士，1994年当选为中国工程院院士。2003年当选为第十届全国政协副主席。

1975年以来王选主持国家重点科研项目“计算机激光汉字编辑排版系统”的研制。1976年王选完成了高倍率字形信息压缩和高速复原技术，这一技术后来获得了欧洲专利，并成为华光和北大方正电子出版系统的基石。1979年汉字激光照排成功地推出了报纸样板。1981年王选主持研制成功了中国第一台计算机—激光汉字编辑排版系统原理性样机（华光Ⅰ型），后不断改进技术，先后完成了华光Ⅱ型、Ⅲ型、Ⅳ型、V型和北大方正91和方正93电子出版系统的研制任务，《经济日报》、香港《新晚报》、《澳门日报》等报刊先后采用华光和北大方正电子出版系统，不仅在国内报社和出版社、印刷厂广泛应用，而且出口港、澳、台、美和马来西亚，为新闻出版全过程的计算机化奠定了基础，而且产生了重大的经济效益和社会效益，引起了中文印刷、出版业的一场技术革命，他是促进科学技术成果向生产力转化的先驱者，作为有市场头脑的科学家，他得到了海内外的广泛赞誉。王选教授主持研制的华光和方正电子出版系统由于其先进的技术和良好的性能，该项目获国内外奖励20多项，其中包括：被列为1985年和1995年中国十大科技成就之一，1986年荣获第十四届日内瓦国际发明展览金牌和全国计算机应用展览一等奖，1987年荣获国家科技进步一等奖，1989年荣获中国发明专利金奖，1991年荣获国家重大技术装备表彰项目特等奖，1993年荣获北京市1992年度科技进步特等奖，1995年荣获国家科技进步一等奖。王选教授本人1986年被

王　选

授予“国家级有突出贡献的中青年专家”称号，1987年荣获首届毕昇奖和森泽信夫奖，1990年荣获陈嘉庚技术科学奖，1994年荣获美国中国工程师学会个人成就奖，1995年荣获何梁何利科学与技术进步奖和联合国教科文组织科学奖，1999年荣获香港蒋氏科技成就奖，2002年3月荣获中国科学技术界的最高荣誉——2001年度国家最高科学技术奖。

王选院士为中国计算机事业做出了杰出的贡献，有“当代毕昇”之称。并且“爱才如命”，他为中国计算机事业培养了一大批科技人才，他曾说过：“今后衡量我的贡献的标准之一就是看我是否培养出一批超过我的年轻科技人才。”在他的带领和培养下，他领导的北京大学计算机科学技术研究所涌现出一批优秀年轻的科技骨干，正发奋地工作，努力为我国的科技事业的发展作出更大的贡献。

2

1

1. 王选姐弟五人，1959年2月在上海合影，右二为王选。

2. 1953年8月28日，王选（后排右二）在上海时的全家照，前排为王选的父亲母亲。

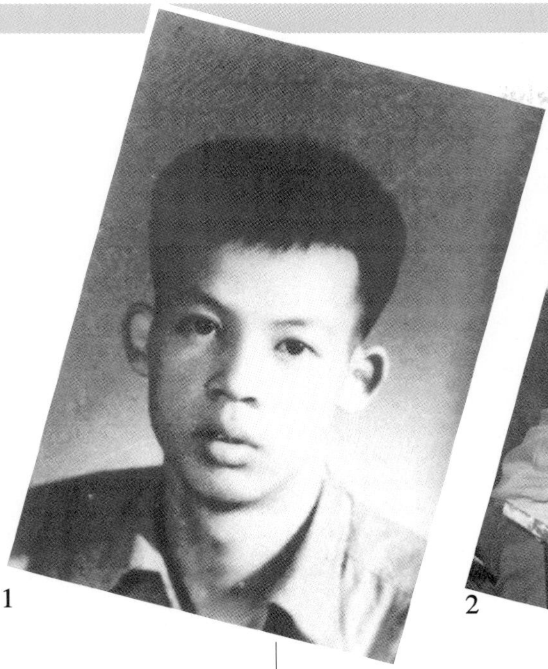

1

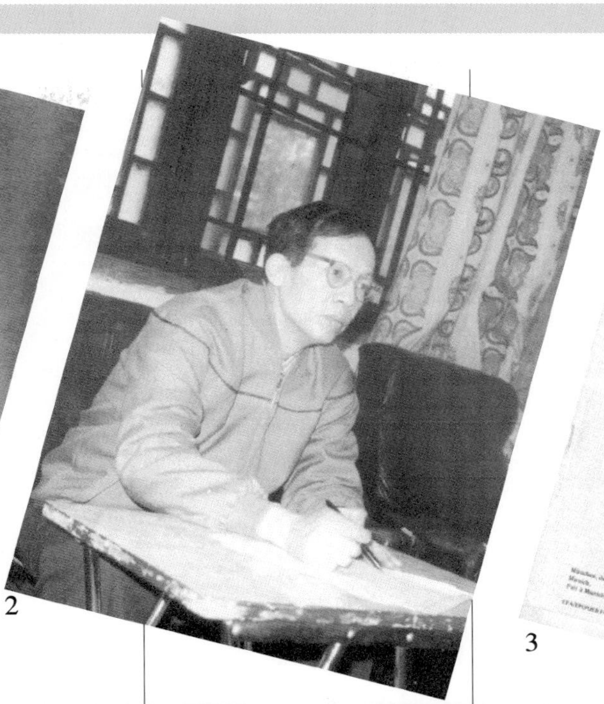

2

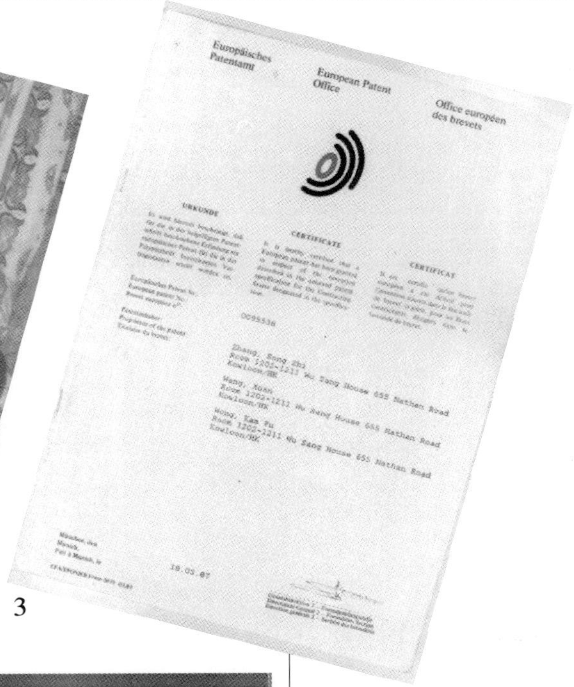
Europäisches Patentamt
European Patent Office
Office européen des brevets

URKUNDE

CERTIFICATE

CERTIFICAT

0095536

Zhang, Song Zhi
Room 1202-1211 Wu Sang House 655 Nathan Road
Kowloon/HK

Wang, Xuan
Room 1202-1211 Wu Sang House 655 Nathan Road
Kowloon/HK

Wong, Kam Fu
Room 1202-1211 Wu Sang House 655 Nathan Road
Kowloon/HK

18.03.87

3

4

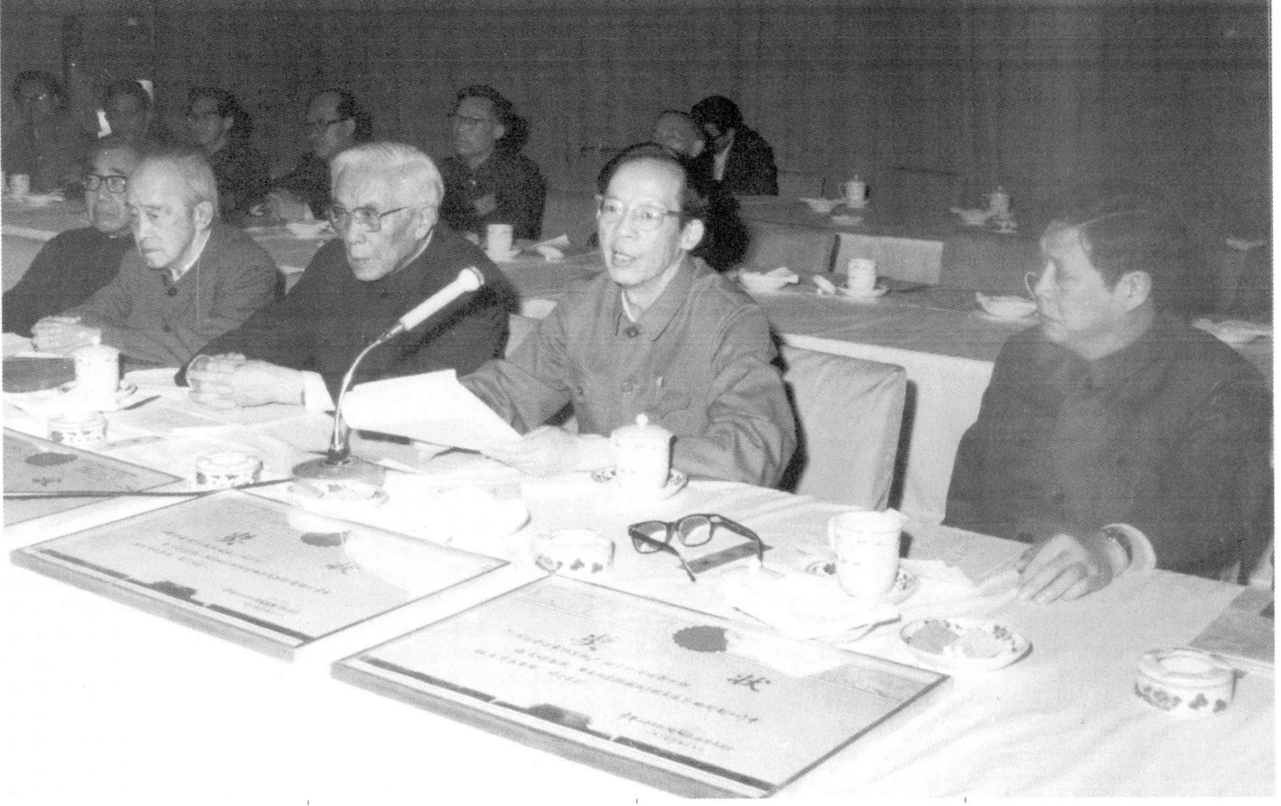

1. 大学时期的王选。

2. 20世纪80年代，王选在北大旧图书馆计算机所会议室里凝思。

3. 1982年5月底，王选1976年设计完成的技术——“字形在计算机的压缩表示”获欧洲专利（EP0095536），发明人王选，专利申请人黄金福、张淞芝、王选。这是我国第一个欧洲专利。

4. 1985年5月6日，国家经委在新华社主持召开“华光Ⅱ型计算机-激光汉字编辑排版系统”鉴定会，王选教授（右二）在会上发言。右二为胡愈之，左三为周培源、右一为黄辛白。

王　选

1. 王选教授（中）和计算所骨干在一起。

2. 1985年5月胡乔木同志（左一）会见了王选教授（右二）、陈堃銶教授（左二 女）等主要研制人员并合影留念。

3. 1985年新华社印刷厂的试验车间里，周培源（左三）、卢嘉锡（前排右三）、黄辛白（左二）等领导和专家认真听王选教授（右一）介绍华光Ⅱ型系统的运行情况。

1. 1985年看着用华光Ⅱ型排印的新华社新闻稿，王选（左三）和同事们百感交集。

2. 鉴定会后，王选教授（前排左一）等8位“有重大贡献的先进个人”受到隆重表彰。

3. 华光Ⅲ型激光照排控制器获国家专利。

王　选

1.1990年春王选教授和夫人陈堃銶（右一、右二）荡舟湖上。

2. 1988年11月，王选教授（中）与吕之敏（右）讨论华光Ⅳ型系统的技术问题。

3. 1987年7月4日，北大旧图书馆内计算机所机房，王选、陈堃銶（前排右三、右二）与学生们在一起，华光Ⅲ型机研制成功，笑容洋溢在每个人的脸上。

1. 1989年3月31日，电子工业部在人民日报社召开“改造人民日报进口设备技术论证和协议签订会”。右起：王选（右二）、沈忠康（印刷装备协调小组副组长）、陈佳洱（北京大学副校长）、范慕韩（原经委副主任、印刷装备协调小组组长）。

2. 华光Ⅳ型激光照排系统具有里程碑式的意义。

3. 王选教授在作技术报告。

1

3

3

王 选

1

2

3

4

1. 1998年5月4日，王选教授（左）在北京大学百年校庆晚会上，虽然他集无数荣誉于一身，而却始终淡泊名利。右为物理系甘子钊院士。

2. 1998年5月4日在北大百年校庆晚会上，季羡林教授（左一）、王选院士（右二）等四代学人撞响了北大的世纪钟。

3. 1998年11月王选教授（左）接受杨澜（右）采访。

4. 20世纪90年代的王选教授。

2002年2月，王选院士（右）荣获2001年度国家最高科学技术奖，获此奖的还有黄昆院士（左），江泽民主席（中）在大会上为他们颁奖。

王　选

1. 王选院士说："今后衡量我贡献大小的一个重要指标，要看发现了多少年轻才俊。"这是1998年他在指导青年学生。

2. 王选夫妇，一对事业上的最佳搭档。

3. 每天早起打太极拳是王选的"必修课"。

1

2

1. 王选教授展示用方正彩色出版系统排出广州的《新快报》。

2. 20世纪90年代初，王选院士（左三）陪同李政道院士（左四）参观北大方正。

后　　记

北京大学是国内外驰名的大学，具有光荣的革命传统和学术传统，是我国“五四”运动和新文化运动的发源地，也是我国近现代文化名人聚集的地方，各个历史时期都出现过许多著名的学术代表人物和享誉中外的学术著作。它所培养的人才遍及寰宇,为民族的振兴和解放、国家的建设和发展、社会的文明和进步作出了卓越的贡献，北京大学在中国历史的发展进程中，尤其是文化教育事业中的历史地位和特殊作用，使收藏北京大学历届名师和学界泰斗们的资料和学术成果具有重要的意义。

1988年5月，北京大学图书馆成立了北京大学文库，专门收集北大师生员工和校友的学术成果，重点是收集北大名师和学界泰斗们的论文、著作，以及能够反映其学术生涯、学术成就、学术地位和学术影响的手稿、书信、墨迹、照片、奖章、证书等。学术大师们的件件珍品熠熠生辉，使收藏这些珍品的北大文库成了光彩夺目的学术宝库，被誉为“图书馆建设中的一朵奇葩”、“燕园内一颗耀眼的明珠”。我们利用文库收藏的学术大师们的学术珍品和其他收藏品，截止2003年5月先后举办了著名学者生平事迹和学术成就展22个，北大学者获奖论著展23个，其他方面的展览2个。这些展览充分展现了北大名师们的成就和风采，人们从中深切地感受到，是这些精通古今、学贯中西的大师们构建了北大的辉煌，他们给予我们的不仅是宝贵的学术财富，而且是成功的治学之道和永不磨灭的北大精神，是他们为我们树立了世代留芳的北大学人的形象。到目前为止，展览的参观者总数已达10万人左右，许多人在参观后都写下了感人肺腑的留言。有的读者说：这些展览“不仅是北大学术成果的展现，也是北大精神的凝聚。”一位老教授参观后挥笔写道：“这才是真正的北京大学校史。” 有的参观者在参观后激动地留言：“今日之北大已走过百年历史，一代又一代的时代精英汇聚北大，十年树木，百年树人，为民族的发展，创造了人才，让我们北大人自豪骄傲。看完展览，让我们继承北大文化、学风，为创造世界一流大学而努力奋斗。”

我们举办的一系列著名学者生平事迹和学术成果展在广大师生中产生了强烈的反响，许多同志要求把这些展品集中起来，采取比较固定的形式经常展出。一位教授在留言中写道：“这个展览办得很好，对后辈、对学生有震撼心灵的力量，这是北大最宝贵的精神财富，建议校领导把季老（指季羡林教授）及其他几位学术精英的资料固定地展出，这

后 记

对弘扬北大传统是一种最深远、最有影响的手段，何乐而不为呢?!”当时我们也感觉到，辛辛苦苦地办起来的展览，十天半个月就撤掉太可惜，怎样才能使它持久地发挥作用呢？这就需要采取一种比较固定的形式。经过研究我们认为，著名学者是北大的脊梁和精英，他们的学术成果是北大最宝贵的财富，代表了北大的最高学术水平，象征着北大的精神和灵魂。北大在全国和世界的学术地位和影响，首先是因为有这些著名的学者和他们的学术成果。我们应当在坚持做好日常工作的同时，把收集、珍藏和展览他们的学术成果作为文库工作的中心，放在重中之重的地位。我们不但要继续举办著名学者生平事迹和学术成就展览，而且要建立永久性的“北大名师专柜”，集中珍藏和展示各位名师的学术成果，介绍他们的学术思想、学术活动和学风，供人们长期学习和参观，作为对师生进行教育的重要基地。

2002年“五四”北大校庆104周年时，在“北京大学文库”展出了北大校长蔡元培、马寅初、胡适，北大著名教授冯友兰、朱光潜、叶企孙、王力、江泽涵、吴大猷、费孝通、季羡林、侯仁之、黄昆、王选等23位“北大名师专柜”，受到北大师生的热烈欢迎。“北大名师专柜”在介绍和宣传北大名师方面发挥了很大的作用，但由于受固定场地的限制，仍不能让更多的人尤其是校外的群众，亲眼目睹学术大师们的成就和风采。为了彻底解决这个问题，使北大文库收藏的大师们的珍品在校内外、境内外充分发挥作用，我们采取了两方面的措施。一是在北大图书馆领导的支持下和自动化部合作，把“北大名师”作为一个项目推上了北京大学图书馆网站。人们只要在北大网上点击图书馆上的“北大名师”栏目，就可以进行阅览。二是在参观时不少师生和校友提出希望把“北大名师专柜”出书成册，把它作为对北大学子进行学术传统教育的好教材，向国内外展示北大学术大师们的成就和风采。这次与北京图书馆出版社合作出版的《风采——北大名师的岁月留痕》画册，就是这方面的尝试。

《风采——北大名师岁月留痕》画册收入的北大名师有中国共产党主要创始人之一李大钊，北大校长严复、蔡元培、马寅初、胡适、周培源，北大著名教授冯友兰、曹靖华、朱光潜、叶企孙、王力、江泽涵、吴大猷、费孝通、黄昆、王选等36人（按生卒年先后排序），这只是向广大读者展现了群星灿烂的北大名师中的一部分，但当画册中大量难得的、精彩的、珍贵的历史照片和实物照片展现在我们面前的时候，却能在很大程度上反映出北大的光辉历程和学术辉煌，使人们从中得到巨大的鼓舞和力量。

本书在编撰过程中得到了大师和大师家属及大师弟子们的热忱帮助，在出版过程中得到了北京图书馆出版社的大力支持，当此画册正式出版之际，特向他们表示最诚挚的感谢。广大读者如还有更珍贵的资料，请提供线索，以便我们收集及有机会加以补充，以使画册更加生辉。

编　者

2008年3月

主要参考书目

北京百科词典（社会科学卷），《北京百科词典》编辑委员会，燕山出版社，1993年。

北京大学院士文库，北京大学出版社，1998—2003年。

蔡元培年谱长编，高平叔撰著，人民教育出版社，1996年。

蔡元培全集，高平叔编，中华书局，1984—1989年。

蔡元培全集，中国蔡元培研究会编，浙江教育出版社，1996—1998年。

当代中国社会科学学者大辞典，陈荣富，洪永珊主编，浙江大学出版社，1990年。

东方鸿儒季羡林传，于青著，花城出版社，1998年。

20世纪中华人物名字号辞典，周家珍编著，法律出版社报，2000年。

冯友兰先生年谱初编，蔡仲德著，河南人民出版社，2000年。

海淀名家，张宝章，张洪庆主编，北京师范大学出版社，1994年。

核物理学家胡济民传，钟云霄著，北京大学出版社，1997年。

胡适年谱，耿云志著，四川人民出版社，1989年。

胡适评传，章清著，百花洲文艺出版社，1992年。

胡适手稿，胡适著，台湾胡适纪念馆发行，1966—1970年。

胡适文集，欧阳哲生编，北京大学出版社，1998年。

胡适作品集，胡适纪念馆授权出版，台湾远流出版事业股份有限公司，1986年。

黄昆——声子物理第一人，朱邦芬著，上海科学技术出版社，2002年。

季羡林传，蔡德贵著，山西古籍出版社，1998年。

李大钊年谱，《李大钊年谱》编写组，甘肃人民出版社，1984年。

李大钊传，《李大钊传》编写组，人民出版社，1979年。

李大钊传，朱志敏著，山东人民出版社省，1998年。

历代爱国名人辞典，何浩，陈辉等主编，湖北人民出版社，1985年。

鲁迅全集（1—20卷），鲁迅先生纪念委员会编，人民文学出版社，1973年。

马寅初，嵊州市人民政府编，浙江人民出版社，1999年。

马寅初全集，田雪原主编，浙江人民出版社，1999年。

民国百人传，吴湘湘著，台湾传记文学出版社，1982年。

民国人物小传，刘绍唐主编，台湾传记文学出版社，1987-1996年。

润物细无声——徐光宪教授八秩华诞志庆集，王学欣，唐晋主编，科学技术文献出版社，2001年。

四个时代的我，陈翰笙著，中国文史出版社，1988年。

汤用彤全集，汤用彤著，河北人民出版社，2000年。

天地间一个读书人——熊十力传，郭齐勇著，台北业强出版社，1994年。

主要参考文献

王重民先生百年诞辰纪念文集，北京大学信息管理系编，北京图书馆出版社，2003年。

吴大猷大陆行，戴纪明，柳怀祖主编，香港新大陆出版社有限公司，1993年。

吴大猷文选，吴大猷著，台湾远流出版事业股份有限公司，1992年。

辛亥以来人物传记资料索引，王明根主编，上海辞书出版社，1990年。

邢其毅文集，邢其毅著，北京大学出版社，1999年。

燕园师林，北京大学研究生院编，北京大学出版社，1991年。

严复评传，欧阳哲生著，百花洲文艺出版社，1994年。

乐森璕传略，杜松竹，周水良著，贵州科技出版社，1993年。

载物集——周一良先生的学术与人生，周启锐著，清华大学出版社，2003年。

张景钺文集，《张景钺文集》编辑委员会著，北京大学出版社，1995年。

哲人忆往，董驹翔，董翔薇编，中国青年出版社，1999年。

真言——吴大猷传，赖树明著，台湾木棉出版社，1999年。

中国当代社会科学家，北京图书馆《文献》丛刊编辑部，书目文献出版社，1982年。

中国当代社会科学家传略，陈翔华等编，书目文献出版社，1982—1990年。

中国当代著名经济学家，孙连成，林圃主编，四川人民出版社，1985年。

中国高等学校中的中国科学院院士传略，张笛梅，杨陵康主编，高等教育出版社，1998年。

中国社会科学家辞典（现代卷），王凤琴等编，甘肃人民出版社，1986年。

中国物理学之父吴大猷——他的生活、成就及情操，丘宏义博士著，台湾库著股份有限公司，2001年。

中国现代科学家传记，《科学家传记大辞典》编辑组编，科学出版社，1991—1994年。

中国现代社会科学家传略，晋阳学刊编辑部编，山西人民出版社，1982—1987年。

中国现代社会科学家大辞典，高增德主编，书海出版社，1994年。

中华之光——王选传，郭洪波，刘堂江著，1990年。

朱光潜——从迷途到通径，朱式蓉，许道明著，复旦大学出版社，1991年。

朱光潜学术思想评传，王攸欣著，北京图书馆出版社，1999年。

钻石婚杂忆，周一良著，生活·读书·新知三联书店，2002年。

追忆逝水年华——从西南联大到巴黎大学，许渊冲著，三联书店，1996年。